教育部人文社会科学研究一般项目(10YJC630374)资助
中国地质大学(武汉)公共管理学院"公共人力资源开发"科研团队
建设经费以及北京博学广阅教育科技有限公司联合资助

知识员工绩效考核研究

ZHISHI YUANGONG JIXIAO KAOHE YANJIU

张光进 著

图书在版编目(CIP)数据

知识员工绩效考核研究/张光进著.—武汉:中国地质大学出版社,2023.10
ISBN 978-7-5625-5751-7

Ⅰ.①知⋯　Ⅱ.①张⋯　Ⅲ.①企业管理-人事管理-研究　Ⅳ.①F272.92

中国国家版本馆 CIP 数据核字(2023)第 249266 号

知识员工绩效考核研究		张光进　著
责任编辑:胡　萌	选题策划:蒋海龙	责任校对:何　煦

出版发行:中国地质大学出版社(武汉市洪山区鲁磨路388号)　邮编:430074
电　　话:(027)67883511　　传真:(027)67883580　　E-mail:cbb@cug.edu.cn
经　　销:全国新华书店　　　　　　　　　　　　　　http://cugp.cug.edu.cn

开本:880毫米×1230毫米　1/32　　　　　字数:173千字　　印张:6
版次:2023年10月第1版　　　　　　　　　印次:2023年10月第1次印刷
印刷:武汉邮科印务有限公司

ISBN 978-7-5625-5751-7　　　　　　　　　　　　　　　　定价:58.00元

如有印装质量问题请与印刷厂联系调换

前　言

知识员工在知识经济时代对于获取组织核心竞争力、推动社会可持续发展起着关键作用,如何管理和激励知识员工成为摆在研究者和实践者面前的重要课题。"没有评价,就没有管理",由于知识员工工作的复杂性以及绩效表现的多样性,正确评价知识员工的绩效常常是一件棘手的工作。

笔者在"知识员工考评的关键是抓住其绩效特征和本质"这一基本观点以及权变管理理论的启发下,重点对知识员工绩效特征的衡量和识别、绩效特征与考评方法的匹配规律进行了理论以及实证研究。

全书共分为6章,第1章是绪论,主要介绍了研究背景、研究对象、研究目标与意义、研究框架、篇章结构与研究技术路线、主要创新点。第2章是文献述评,主要对知识员工的定义与分类、R&D(research and experimental development,简称R&D)人员的定义和分类、绩效的内涵与结构、知识员工的绩效考核和R&D人员的绩效考核等五大领域的相关文献进行了较为系统的梳理和总结。第3章是知识员工绩效特征实证研究,在介绍了绩效特征的概念界定及标识和实证研究总体构思之后,确定了反映绩效特征的绩效属性变量;以访谈得到的绩效特征描述条目为基础编制了初始问卷,利用主成分因素分析法和验证性因素分析法对问卷内容进行了分析,开发了测量绩效特征的正式量表,并对绩效特征量表进行了检验,给出了绩效特征的现实判定标准;对调查所涉及的不同职业的知识员工的绩效特征做了描述性统计,并集中对R&D人员绩效特征进行了深度分析。第4章是考核方法与绩效特征匹配模型的构建,在权变管理理论的启示下,首先对绩效考核方法进行概述,介绍了权变管理理论的核心思想及启示,探讨了绩效特征和考评方法的匹配关系,附带讨论了影响两者匹配效果的情境因素,提出了一系列的匹配假设,构建基于绩效特征的考评方法权变选择模型。第5章是匹配模型的检验,介绍了匹配模型的检验标准,利用实际调查数据对第4章中的系列研究假设做了较为细致的检验与讨论。第6章是研究结论与展望,指出了研究中的不足和未来研究方向。通过研究,本书的主要观点包括以下几项。

(1)通常认为,将绩效定义为工作行为或者工作结果的观点都有偏颇之处,"绩效是工作行为和工作结果的综合体"这一观点更容易被接受。笔者认为,当工作具有某些特点时,绩效强调工作行为和工作结果的某一个方面是成立的;绩效综合体定义中的"和"字也并非是"与"的含义,还包括在一定条件下的"或"的含义。二维绩效模型广为学者们所引用,其原因在于二维绩效模型的两个维度不仅可以较为清晰地区分开,还在于二维绩效模型具有良好的包容性和普适性。开展关系绩效考评是必要的,但它不是本书的研究重点,本书的研究重点在于任务绩效的考评。

(2)综合考虑工作内容和工作性质对知识员工进行定义的争议比较小。知识员工是指那些拥有较多知识积累,利用理论知识和经验对信息进行加工处理,使信息增值,并以此为职业的人。知识员工所从事的工作,知识技能更新速度快、创新性要求高。知识员工涵盖的对象界限比较模糊,而对各类职业是否属于知识性工作进行判别,可以为厘清知识员工涵盖的对象提供可操作化的界定方法。从工作的非程序化程度(创造性)和工作所需知识的"硬度"对知识员工进行划分,有助于明确各种知识性职业的坐标方位。R&D人员作为最典型的知识员工,可以从工作内容、工作方法、工作结果和工作时间4个方面对其予以界定。R&D人员的4种分类方法各有用途,其中,R&D活动类型视角的分类方法有助于认识不同类型R&D人员的工作特点。

(3)对知识员工的绩效特征进行集中研究的文献非常少,通过对有关研究成果的分析可以发现,如果把宽泛定义下的知识员工作为一个不言自明的总体,其绩效特征几乎没有,但如果对知识员工进行分类,各类知识员工的绩效特征是比较明显的,这些绩效特征表现为某些绩效属性上的"显性"或"弱性"。在知识员工绩效考核研究方面,以应用研究为主的文献中,往往对"为什么使用这种考核方法"阐述得不够透彻;而在以理论研究为主的文献中,所提及的考核方法又没有针对具体类别的知识员工进行讨论,导致这些文献在指导知识员工的考核方法选择时存在明显的局限性。

(4)长期以来,对最典型的知识员工群体R&D人员是否有必要进行绩效考核存在争论,该争论的深层次原因与其说是能不能对R&D人员进行考核,不如说是对R&D人员绩效考核还缺乏有效的办法。在R&D人员绩效考核发展阶段出现了德国模式、美国模式和复合型考核模式,总体而言,复合型考核模式更符合R&D人员的工作实际。R&D人员的绩效考核方法可分为3种类型,已有研究指出了不同类型考核方法的优势和不足,但这些考核方法如何与R&D人员类型匹配,从而增强R&D人员绩效考核的有效性还有待进一步探讨。

(5)识别知识员工的绩效特征,并根据绩效特征选择匹配的考核方法,是改进知识员工绩效考核的重要途径。研究知识员工的绩效特征,一种思路是先对知识员工进行分类,之后对各类别知识员工进行单独研究;另一种思路是找出反映绩效特征的绩效属性变量,根据变量值的不同来划分绩效特征。相对而言,后一种思路的抽象程度更高,是一种框架性质的研究思路,本书正是遵循这一研究思路展开讨论。

(6)对已有的关于绩效特征的论述进行总结,结合知识员工绩效特征的访谈分析,发现不同类别知识员工的绩效特征可以归结在绩效行为可评价性和绩效结果具体性这两个绩效属性要素上,即在这两个绩效属性上的"显性"与"弱性"表征。

(7)以访谈得到的绩效特征描述条目为基础编制初始问卷,经过测试筛选、效度和信度检验,最终形成了包含25个项目的绩效特征测度量表,为知识员工绩效特征测量提供了工具。借鉴学界常用的高低分组思想,在Likert 5级调查计分的情境下,将在绩效特征量表上得分≥3.67视为绩效特征"显性",得分≤2.33视为绩效特征"弱性"。以描述性统计数据为基础,运用ABC分析法(activity based classification))对各类知识员工的绩效特征进行识别。结果表明:本书提及的80%的调查对象被"显性"和"弱性"的绩效特征标准所覆盖。具体而言,基层管理、普通管理、财务管理岗位属于一类,其绩效特征表现为绩效行为可评价性"显性"、绩效结果具体性"弱性";中小学教师、培训专员属于一类,其绩效特征表现为绩效行为可评价性"显性"、绩效结果具体性"显性";传媒策划人员、专业咨询人员、医生、市场销售人员、律师、中层管理人员、文艺创作人员、编审人员属于一类,其绩效特征表现为绩效行为可评价性"弱性",绩效结果具体性"显性"。

(8)本次调查所涉及的技术开发人员、工程技术人员、理论研究人员、科研型大学教师和高层管理人员的绩效特征在某些方面并非"显性"或者"弱性"。基于此,运用本研究开发的绩效特征量表,对R&D人员进行进一步的深度分析发现,传统的基础研究人员、应用研究人员和试验发展人员根据绩效特征可以分为两类,其中一类主要是基础研究人员,另一类包括应用研究人员和试验发展人员。前一类R&D人员的绩效特征是绩效结果具体性"中性",绩效行为可评价性"弱性";后一类R&D人员的绩效特征是绩效结果具体性"显性",绩效行为可评价性"中性"。

(9)权变管理理论认为,没有一成不变、普遍适用的"最好的"管理方法,管理方法是否有效取决于它与管理情境是否匹配,其核心问题是权变管理结构,该结构的3个主要部分是环境变量、管理技术和权变关系。通常情况下,环境是自变量,而管理技术是因变量,所谓权变关系是指独立的环境变量同管理技术之间的函数关系,这是权变管理的核心。在本研究中,绩效特征是权变管理结构中的环境变量,各种绩效考评方法是权变管理结构中的管理技术,绩效特征和绩效考评方法的匹配规律就是权变管理结构中的权变关系。

(10) 本次问卷调查数据表明,知识员工对现行考评方法的接受程度并不理想,不同类型组织中的知识员工对现行考评方法的接受程度存在较大差异。对于不同岗位的知识员工而言,他们所期望的考评方法有明显的差别,这些差别与他们具有不同的绩效特征密切相关。

(11) 对书中研究假设的检验表明,实践中并不存在普遍适用的考评方法,只有在特定绩效特征下最为合适的考评方法,这与权变管理思想是一致的。具体而言,对于绩效行为可评价性"弱性"和绩效结果具体性"弱性"的知识员工,员工特征-工作行为-工作结果综合考评法比其他考评方法的可接受程度更高;对于绩效行为可评价性"弱性"、绩效结果具体性"显性"的知识员工,工作结果类考评法比其他考评方法的可接受程度更高;对于绩效行为可评价性和绩效结果具体性都是"显性"的知识员工,工作结果类考评方法、工作行为类考评方法、工作结果-工作行为类考评方法都较为适宜,它们比其他考评方法的可接受程度更高;对于绩效行为可评价性"显性"、绩效结果具体性"弱性"的知识员工,工作行为类考评方法比其他考评方法的可接受程度更高;对于绩效结果具体性"中性"、绩效行为可评价性"弱性"的R&D人员,结果考核与书面鉴定相平衡的考评方法得到的认可度最高;对于绩效结果具体性"显性"、绩效行为可评价性"中性"的R&D人员,以结果为主、行为为辅的考评方法是最合适的。本研究还发现,在考虑影响考评方法选择的次要因素(如考核目的)时,最优的考评方法是与绩效特征相匹配的方法,这说明绩效特征在考核法选择中起决定性作用。

综上所述,本书研究成果最终为测度知识员工的绩效特征提供了可操作的工具,识别了大部分知识员工的绩效特征,并为不同绩效特征的知识员工选择适用的考核方法提供了参照体系。

本书在写作过程中大量引用了前人的相关研究成果,在此对相关研究者表示衷心的感谢。笔者虽然在文后列出了参考文献,但仍然难免有纰漏,如果存在引用不当,在此表示诚挚的歉意。

由于笔者能力所限,再加上调查资源相对匮乏,书中所述内容和观点难免有不当之处,敬请读者批评指正。

张光进

2023 年 6 月

目 录

1 绪 论 …………………………………………… (1)
　1.1 研究背景 ……………………………………… (1)
　1.2 研究对象 ……………………………………… (3)
　1.3 研究目标与意义 ……………………………… (5)
　　1.3.1 研究目标 ………………………………… (5)
　　1.3.2 研究意义 ………………………………… (6)
　1.4 研究框架、篇章结构与研究技术路线 ……… (7)
　　1.4.1 研究框架 ………………………………… (7)
　　1.4.2 篇章结构与研究技术路线 ……………… (8)
　1.5 主要创新点 …………………………………… (8)
2 文献述评 ………………………………………… (11)
　2.1 关于知识员工定义与分类的研究 …………… (11)
　　2.1.1 知识员工的定义 ………………………… (11)
　　2.1.2 知识员工的涵盖对象 …………………… (14)
　　2.1.3 知识员工的分类 ………………………… (16)
　2.2 关于R&D人员定义和分类的研究 ………… (21)
　　2.2.1 R&D人员的定义 ………………………… (21)
　　2.2.2 R&D人员的分类 ………………………… (22)
　2.3 关于绩效内涵与结构的研究 ………………… (23)
　　2.3.1 绩效的内涵 ……………………………… (23)
　　2.3.2 绩效的结构 ……………………………… (26)
　　2.3.3 对关系绩效评价的认识 ………………… (32)
　2.4 关于知识员工绩效考核的研究 ……………… (35)
　　2.4.1 知识员工的绩效特征 …………………… (35)

2.4.2　知识员工的绩效考核方法 …………………………(39)
　2.5　关于R&D人员绩效考核的研究 ………………………(42)
　　2.5.1　R&D人员绩效考核必要性的争论 …………………(42)
　　2.5.2　R&D人员绩效考核模式 …………………………(43)
　　2.5.3　R&D人员的考核方法 ……………………………(46)
　2.6　本章小结 …………………………………………(47)

3　知识员工绩效特征实证研究 ………………………………(50)
　3.1　绩效特征的概念界定及标识 ……………………………(50)
　　3.1.1　绩效特征的内涵 …………………………………(50)
　　3.1.2　绩效特征的标识和绩效属性变量的测量值 ……(51)
　3.2　绩效特征实证研究的总体构思 …………………………(51)
　3.3　绩效属性变量的确定 …………………………………(52)
　　3.3.1　绩效属性要素的理论建构 …………………………(52)
　　3.3.2　访谈资料的内容分析 ……………………………(56)
　　3.3.3　绩效属性变量的确定及需要进一步研究的问题 ……
　　　　　………………………………………………………(63)
　3.4　绩效特征量表的开发 …………………………………(63)
　　3.4.1　绩效特征量表初始项目的形成 ……………………(63)
　　3.4.2　绩效特征量表项目的筛选 …………………………(64)
　　3.4.3　绩效特征正式量表的确定 …………………………(72)
　3.5　绩效特征量表的检验 …………………………………(72)
　　3.5.1　效度检验 …………………………………………(74)
　　3.5.2　信度检验 …………………………………………(85)
　3.6　绩效特征的现实判定 …………………………………(87)
　　3.6.1　绩效特征辨识的思路 ……………………………(87)
　　3.6.2　绩效特征辨识的操作 ……………………………(88)
　　3.6.3　绩效特征辨识示例 ………………………………(90)
　3.7　不同岗位知识员工绩效特征的描述性统计 ……………(93)
　3.8　R&D人员绩效特征深度分析 …………………………(95)

3.8.1 绩效特征量表对R&D人员的适用性分析 …… (95)
          3.8.2 基于绩效特征的R&D人员分类 …………… (98)
          3.8.3 R&D人员绩效特征 ……………………………… (100)
    3.9 本章小结 ……………………………………………………… (102)
4 考核方法与绩效特征匹配模型的构建 ……………………… (103)
    4.1 绩效考核方法概述 …………………………………………… (103)
        4.1.1 基于员工特征的绩效考评方法 …………………… (104)
        4.1.2 基于工作行为的绩效考评方法 …………………… (106)
        4.1.3 基于工作结果的绩效考评方法 …………………… (107)
        4.1.4 "混合体"考评方法 ………………………………… (108)
    4.2 权变管理理论的核心思想及启示 …………………………… (109)
    4.3 基于绩效特征的考评方法权变选择模型构建 ……………… (112)
        4.3.1 模型构建的理论基础 ………………………………… (112)
        4.3.2 4种典型绩效特征的知识员工绩效考核方法
              选择假设 ……………………………………………… (117)
        4.3.3 R&D人员绩效考核方法选择假设 ………………… (121)
    4.4 本章小结 ……………………………………………………… (122)
5 匹配模型的检验 ……………………………………………………… (123)
    5.1 匹配模型的检验标准 ………………………………………… (123)
        5.1.1 绩效评价系统有效的技术标准 ……………………… (124)
        5.1.2 绩效评价系统有效的社会标准 ……………………… (127)
        5.1.3 匹配模型的检验指标 ………………………………… (129)
    5.2 模型检验方法的说明 ………………………………………… (129)
    5.3 数据采集过程及其测量工具 ………………………………… (130)
        5.3.1 数据采集过程 ………………………………………… (130)
        5.3.2 测量工具 ……………………………………………… (130)
    5.4 描述性统计 …………………………………………………… (133)
        5.4.1 知识员工对现行考评方法的接受情况 ……………… (133)
        5.4.2 不同岗位的知识员工期望的考评方法 ……………… (135)

5.5 权变选择模型的实证检验 ················ (137)
　　　　5.5.1 绩效行为可评价性-绩效结果具体性不同特征
　　　　　　　下的考评方法接受程度比较 ············ (137)
　　　　5.5.2 R&D人员绩效考核方法选择的假设检验 ······ (142)
　　5.6 匹配模型检验结果的讨论 ················ (143)
　　5.7 本章小结 ························ (146)
6 　研究结论与展望 ······················ (147)
　　6.1 研究结论 ························ (147)
　　6.2 研究中的不足 ······················ (151)
　　6.3 未来研究方向 ······················ (152)
主要参考文献 ·························· (153)
附录1　访谈样本分布情况表 ···················· (171)
附录2　访谈案例中28个独立分析单元 ················ (172)
附录3　绩效特征调查问卷（预试） ·················· (174)
附录4　绩效特征及考评方法调查问卷 ················ (177)

1 绪 论

1.1 研究背景

绩效考评是人力资源管理的关键环节和重要内容,知识员工是知识经济时代赢得全球化竞争的根本力量,如何考评和改进知识员工的绩效是人力资源管理面临的重要课题。由于知识员工所从事的工作具有劳动过程复杂、工作成果不易量化等特点,加之缺乏系统的理论研究成果,管理者在对知识员工的绩效进行考评时常常感到迷茫和困惑。国外不少学者强调,对知识员工进行考评的关键是抓住知识员工绩效的特征和本质(Schneider,1987;Baird and Beatty,1990)。但文献回顾表明,关于知识员工绩效特征的研究是非常零散的,也没有在此基础上研究如何选择和设计相应的考评方法。本书研究背景主要有以下4个方面。

(1)知识员工在社会进步和组织发展中的作用日益关键。世界已经步入知识经济时代,知识在人类经济活动中发挥着越来越重要的作用,正如Drucker Peter(1995)所言,知识经济时代的核心生产要素是知识而不再是金融资本或者自然资源,运用知识工作的人或者知识的载体——知识员工,成为组织最为宝贵的财富。更加值得重视的是,在知识经济时代,作为知识创造和技术创新中最有力的驱动因素,知识人员已成为知识经济时代的核心资源,其积极性和创造性的发挥成为一个组织,甚至一个地区和国家赢得相对竞争优势的关键(李红玲,2009)。

(2)知识员工的绩效考核是极为必要的。"没有评价,就没有管理"(何汶,2005)。绩效考核作为一种典型的评价方式,对于管理知识员工同样非常重要,它将为职位调配、薪酬发放和工作辅导等提供必要的决策依据。有学者强调,知识员工工作自主性高(Davenport,2003)、成就感强(张望军和彭剑锋,2001),主要靠内在激励。但笔者调查发现,有43%的知识员工认为他们并不比体力劳动者工作更自觉,有88%的知识员工认为绩效考核是必要的。管理大师彼得·德鲁克(2006)更是明确指出,20世纪"管理"最重大、独特的贡献是将制造业的劳动生产率提高了50倍之多,而在21世纪,提高知识员工的生产率已是管理者面临的最大挑战,其中的核心问题之一就是如何衡量知识员工的工作业绩。从我国R&D活动的基本情况看,"十三五"期间R&D人员全时当量从375.88万人增加到416.46万人,年均增长速率为6.8%,2022年R&D人员全时当量为604.1万人,比2020年末又增加15.4%;"十三五"期间R&D经费支出从15 676.7亿元增加到24 393.1亿元,年均增长速率为9.2%,2022年R&D经费支出为30 870亿元,占GDP总量的2.58%。对于如此庞大的R&D人力、物力投入,也需要在细观层面上对R&D人员进行有效的绩效评价,因为良好的绩效管理是提高R&D人员绩效的关键,反之则可能导致资源的巨大浪费。

(3)知识员工的绩效考评是一项具有挑战性的工作。由于知识员工工作的复杂性和绩效表现的多样性,对其绩效进行有效的考评是一项难度较大的工作。在实际工作中,知识员工也常常认为组织要么把他们当作计件工人一样对待,要么完全凭主观感觉进行评价,由此引起众多抱怨和不满。一些研究也证实,知识员工的流动率远远高于一般员工,业绩没有得到应有的尊重和承认是导致知识员工离职的重要原因之一(Lee and Steven,1997)。对R&D人员的绩效考核更是如此,如R&D人员的劳动过程很难监控,因此依据其工作行为去考核R&D人员不太行得通。R&D人员的绩效往往也难以直接量化,其科研成果的价值往往也不是直接通过市场交易来体现,因此难以像考核生产工人一样对其绩效进行客观的定量评价,用经济指标来衡量也是不合理的……这些复杂的情况使得在实际绩效考评中,管理者经常无法确切地相信测度结果的有效性(Szakonyi,2010)。科学合理的考核制度是提升员工绩效的重要途径,反之则可能挫伤员工工作积极性。

(4)基于绩效特征的知识员工考评方法研究有待加强。虽然不少学者已经注意到对知识员工进行考评的重要性,但相当多的研究集中在知识员工的个性特征、工作设计、全面激励,以及与体力劳动者的差异比较等方面,而对知识员工绩效考评的系统研究则相对缺乏。现有的相关研究,要么是在理论上阐述知识员工,尤其是R&D人员差异化考核的必要性(Davenport,2002;许庆瑞,2001),要么是以某个具体组织为案例,对不同类别的知识性工作岗位设计不同的考核方案。前者没有很好地回答"究竟应该如何考核",后者则没有很好地回答"为什么要如此考核"。换言之,Schneider(1987)、Baird和Beatty(1990)等提出知识员工绩效考核研究路径还有诸多"硬核"问题有待解决。因此,识别知识员工的绩效特征,并探索绩效特征与考评方法的匹配规律,是直面现实问题的研究尝试,有助于提高知识员工绩效考评的有效性。

1.2 研究对象

本书将知识员工作为研究对象,并对R&D人员予以特别关注,主要基于以下原因。①如前文所述,知识员工已经成为一个国家、一个组织事业成败的关键;②绩效考核对于知识员工是必要的,但又具有相当难度,考核效果不尽如人意。笔者尝试对这一群体的绩效考评进行研究。

尽管"知识员工"(knowledge worker)一词由管理大师Drucker Peter于1959年明确提出(Drucker,1994),随后被广大学者所沿用,但长期以来对知识员工所涵盖的对象范围存在争议。概括起来,有两种较具代表性的观点。一种观点具有泛化的倾向,认为某员工是否属于"知识员工",不在于员工从事什么工作,而在于员工怎么做。例如,同是接线员,有些只是简单地接听电话,而有些则在接听电话时注意了解客户的需求,并对客户需求信息进行汇总分析,从而为研发、制造和销售部门提供决策参考,这种接线员就不能简单地被认为是非知识员工,这种员工在知识经济时代越来越多(Thomas and Glenn,1995)。另一种观点则具有社会精英论的倾向,认为只有以知识密集型工作为职业的人才能称为知识员工,主要是指各种专业人员和专门人员,如科学家、技术开发人员、工程技术人员、医生、律师、教师等,此种界定范围显得较为狭窄(Helton,1987)。如果按照第一种观点,那么明晰知识员工涵盖的对象将异常困难,因为从事任何工作的人都可能是知识员工,也可能不是知识员工;如果认同第二种观点,则有悖于管理大师 Drucker Peter 的初衷,因为 Drucker Peter 最初所提及的知识员工特指经理和执行经理,也就是现在常常所说的中层、高层管理人员,这一群体属于知识员工的观点至今被广大学者所认可。

笔者认为,任何工作都含有知识的成分,只是知识含量不同而已,如果把社会上的各种工作按照知识含量从少到多排列,那么纯粹的体力劳动者(如搬运工)和高级脑力劳动者(如科学家)是这个工作系列的两端,而处于这两端中点靠右的工作是知识含量较高的工作,从事这些工作的人应该被认为是知识员工。从这一点出发,国内外学者的研究成果为本书界定知识员工提供了极大的帮助。Beckstead 和 Baldwin(2003)在对加拿大知识经济和知识员工进行研究的过程中,结合 SOC(standard occupational classification,简称 SOC)分类标准界定出几乎涵盖知识员工从事的所有职业。该研究按照职业将知识员工分成专业化类、管理类和技术类等共计 40 类职业。我国学者杨杰(2006)通过大范围的调查,明确了中国人心目中从知识性工作到非知识性工作的具体内容。值得注意的是,在杨杰的研究结论中,中层管理人员和一线管理人员既不属于知识工作者,也不属于非知识工作者,而属于"其他"。笔者认为,中层管理人员和一线管理人员主要从事与信息处理有关的工作,在对他们进行绩效考核的过程中存在不少难题。本书主要依据学者杨杰的研究成果,从可操作化层面确定了知识员工的涵盖对象,具体而言包括以下工作人员:管理人员、研究开发人员、教育培训人员、编辑、专业咨询/诊断/分析人员、创作写作/设计/策划人员、工程技术人员、会计/审计/统计/经济核算人员、翻译人员等。

本书对 R&D 人员的绩效考核予以特别关注,原因是该类人员不论在何种知识员工范畴界定中,都被认为是非常典型的知识员工。同时,在科技是第一生产力的时代,R&D 人员对于一个公司、一个地区、一个国家来说是非常重要的群体。此外,如何正确考核 R&D 人员绩效也一直是管理界的难题,亟待集中深入研究。

1.3 研究目标与意义

1.3.1 研究目标

本书的研究目标主要是找出知识员工的绩效特征,根据绩效特征来选择不同的考核方法,从而为人力资源管理研究提供有一定理论依据的研究成果,消除人力资源管理实践者对知识员工绩效评估存在的困惑,提高知识员工绩效评估的有效性。具体而言,有以下 3 个研究目标。

(1)开发测量知识员工绩效特征的工具,辨识知识员工的绩效特征。做好知识员工绩效考评工作的关键是抓住知识员工的绩效特征和本质。文献回顾表明,对知识员工的绩效特征进行直接、集中的研究非常少,一般只是偶尔提及,缺乏深入系统分析。因此,本研究的第一个目标就是要解决如何辨识知识员工的绩效特征这一难题,这也是本书其他内容研究的基础。笔者首先在文献研究的基础上,结合深度访谈的资料,利用内容分析法,确定衡量知识员工绩效特征的维度——绩效属性变量。然后开发出具有良好效度和信度的量表,从而为知识员工绩效特征的识别提供一种测量工具。

（2）探索绩效特征与考评方法的匹配规律——构建基于绩效特征的考评方法权变选择模型。权变理论告诉我们，没有放之四海而皆准的管理模式和管理工具，绩效考核也不例外。Baird 等（1990）指出，当绩效评价技术和工作本质、类型相匹配时，评价结果将会更加准确，这一观点和权变理论的核心思想是高度一致的。遗憾的是，目前这方面的深入研究还缺乏系统性。笔者拟在绩效特征研究的基础上，主要通过文献研究，建构基于绩效特征的考评方法权变选择模型，即选择绩效评估方法的参照体系。此外，本书还将探讨影响绩效评价技术和工作本质、类型匹配效果的一些情境因素，以便更全面地理解两者的匹配关系。

（3）检验基于绩效特征的考评方法权变选择模型，为知识员工绩效考评提供更贴近实际的理论指导。本研究所构建的知识员工考评方法权变选择模型是否正确，有待于实践的检验。以往的研究在判断一种绩效考评方法是否得当时，通常选择分析它的效度、信度、实用性（Thorndike,1949；Austin and Villanova,1992）。近年来，绩效考评的满意度和公正感等逐渐受到重视（Taylor M S,et al.,1995；Berrin E,et al.,2001；Mutiara S P,2001；杜旌等,2005），应该说这些指标可以作为检验考评方法是否有效的参考指标，问题在于这些指标除了受绩效考评方法适用性的直接影响外，还受其他因素（如考核结果运用、绩效考核沟通、考核者动机等）的影响。因此，本研究将考核方法的可接受性这个直接结果变量作为模型的检验指标，通过大范围的问卷调查对模型进行检验，以便管理者参考最终模型，有针对性地选择考评方法，提高知识员工绩效考评的有效性。

1.3.2　研究意义

（1）理论意义。虽然有关知识员工的研究成果比较多，基于绩效特征的考评观点已经被提出，但缺乏对绩效特征的深入研究，也没有在此基础上进一步研究如何选择和设计相应的考评方法。本书将系统研究知识员工绩效特征的识别,在理论分析和考评现状总结的基础上,构建基于绩效特征的考评方法权变选择模型,并加以实践检验,从而丰富现有的知识员工绩效考评理论。

(2)实践意义。本书的研究成果不仅为知识员工的绩效考评实践提供了新的视角,而且所构建的权变模型实际上是知识员工绩效考评方法选择和设计的重要参照体系。管理者可以根据知识员工绩效特征的不同表现,比较容易地选取与知识员工绩效特征匹配的绩效考评方法,从而消除对知识员工绩效考评的困惑,提高知识员工绩效考评的有效性。

1.4 研究框架、篇章结构与研究技术路线

1.4.1 研究框架

本书将首先探讨知识员工的绩效特征,然后主要通过理论分析,构建基于绩效特征的知识员工绩效考评方法权变选择模型,最后对构建的权变模型的有效性进行检验,明确绩效特征与绩效考评方法的匹配规律。研究框架见图1-1。

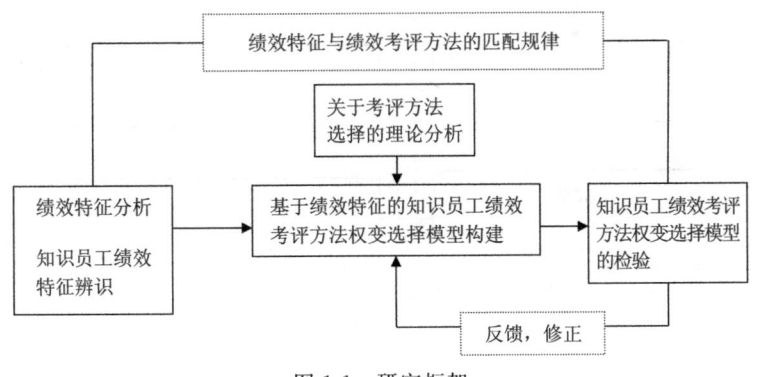

图1-1 研究框架

1.4.2 篇章结构与研究技术路线

本书的篇章结构与研究技术路线如图 1-2 所示,研究技术路线中的研究方法在后文中有较为详细的论述。

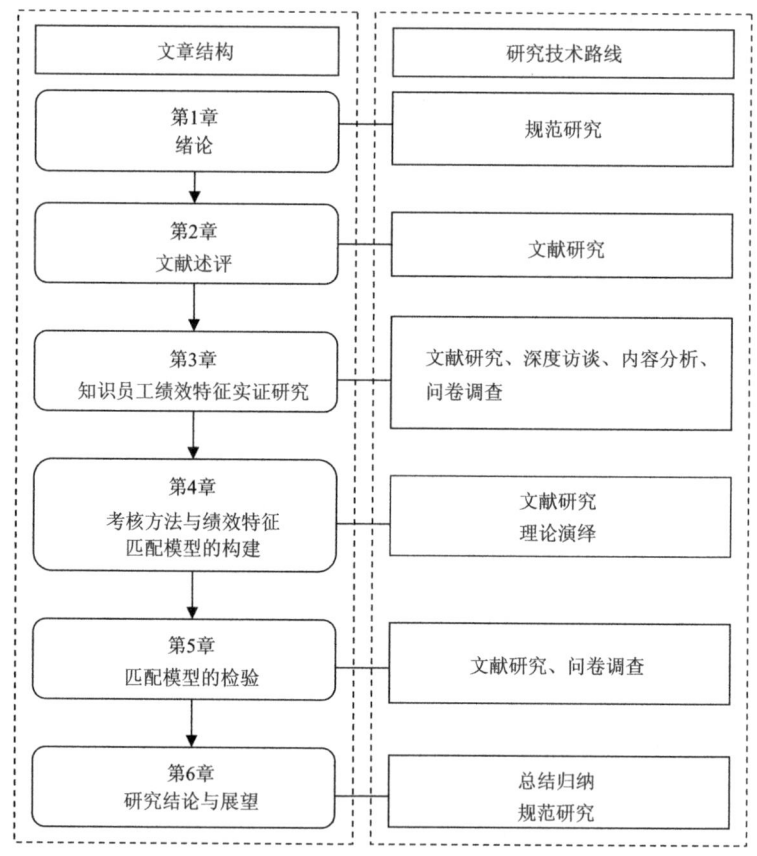

图 1-2 篇章结构与研究技术路线

1.5 主要创新点

本研究的主要创新点体现在以下 3 个方面。

第一,开发了绩效特征量表,首次为绩效特征从定性描述到量化测度提供了具体的分析工具,并在实际运用中识别了大量不同类别知识员工的绩效特征。本书在文献研究和访谈资料整理的基础上,拟定了绩效特征初始量表,经预测试对初试量表项目进行筛选,形成正式的绩效特征量表。正式的绩效特征量表包括绩效行为可评价性和绩效结果具体性两个分量表,每个分量表都是三因子结构,共 25 个测量项目。大范围的再测试结果表明,正式的绩效特征量表的效度和信度良好。在此基础上,本研究借鉴惯用的高低分组思想,确定了绩效特征"显性"和"弱性"的判别标准,并对 18 种知识性岗位的绩效特征进行了统计分析,其中,13 种知识性岗位约 80%的被调查对象的绩效特征被"显性"和"弱性"的标准所涵盖,这些被调整对象的典型绩效特征得以明确,为选择适宜的考核方法奠定了基础。

第二,对 4 种具有典型绩效特征的知识员工提出了考核方法匹配模型,并对模型的有效性进行检验,检验结论为知识员工绩效考评方法的选择和设计提供了一个参考体系。在权变管理思想指导下,基于绩效生成的系统理论、绩效评价指标的无噪声标准理论等,对绩效特征和考评方法的匹配关系提出了系列研究假设。假设检验表明,实践中并不存在普遍适用的考评方法,只存在特定绩效特征下最为合适的考评方法。具体而言,对于绩效行为可评价性和绩效结果具体性都是"弱性"的知识员工,员工特征-工作行为-工作结果综合考评法比其他考评方法的可接受程度高;对于绩效行为可评价性"弱性"、绩效结果具体性"显性"的知识员工,工作结果类考评法比其他考评方法的可接受程度高;对于绩效行为可评价性和绩效结果具体性都是"显性"的知识员工,工作结果类考评方法、工作行为类考评方法、工作行为-工作结果类考评方法都较为适宜;对于绩效行为可评价性"显性"、绩效结果具体性"弱性"的知识员工,工作行为类考评方法比其他考评方法的可接受程度高。这些研究结果为管理者在考核知识员工时提供了具体的指引。

第三,对极具挑战性的 R&D 人员的绩效考核进行了深入研究,发现了R&D人员的非典型绩效特征和新型分类,提出并验证了这类R&D人员适用的考核方法。笔者在对不同类别知识员工的绩效特征进行统计分析时发现,R&D人员的绩效特征在某些方面并非是典型的"显性"或者"弱性"。R&D人员实际上可以分为两类,其中一类主要是基础研究人员,另一类包括应用研究人员和试验发展人员。前一类R&D人员的绩效特征是绩效结果具体性"中性",绩效行为可评价性"弱性";后一类R&D人员的绩效特征是绩效结果具体性"显性",绩效行为可评价性"中性"。根据R&D人员绩效特征,前一类R&D人员最认可结果考核和书面鉴定相平衡的考评方法,后一类R&D人员最认可以结果为主、行为为辅的考评方法。

2 文献述评

本章主要对知识员工的定义与分类、R&D 人员的定义和分类、绩效的内涵与结构、知识员工的绩效考核,以及 R&D 人员的绩效考核等五大领域的相关文献进行了较为系统的梳理和简要评价。

2.1 关于知识员工定义与分类的研究

随着科学技术对传统产业的高度渗透和改造,以及以知识为基础的新兴产业的迅速崛起,高科技产业、信息产业以及知识密集型的咨询服务业在整个国内生产总值中的比重越来越大,这些产业中的雇员也越来越多,支撑这些产业发展的核心员工受到了越来越多的关注。正因为如此,美国著名管理大师 Drucker Peter 率先提出"知识员工"(knowledge worker)一词,这一术语在全球被广泛使用的同时,学者们对知识员工的内涵本质以及边界确认展开了激烈的争论。

2.1.1 知识员工的定义

"知识员工"一词由 Drucker Peter 提出之后,Horibe(1999)、Dove(1998)、Davenport(2002)等对此概念进行了大量的研究,我国学者于 20 世纪 90 年代中后期引进了这一概念,目前国内对 knowledge worker 有 4 种翻译,分别是知识型员工、知识员工、知识工作者和知识工人。这 4 种翻译在本质上没有区别。本书采用"知识员工"这个称谓,是因为"知识工人"带有较明显的阶级痕迹,"知识工作者"和"知识型员工"显得不够简洁。关于知识员工这一概念,目前主要有 4 类较为典型的定义。

知识员工的第一类定义是从工作内容的角度来加以探讨。例如,Drucker(1995)认为知识员工指的是那些掌握和运用符号与概念、利用知识或信息工作的人。March 和 Simon(1993)认为知识员工的工作内容主要是信息加工和沟通。Thomas 和 Baron(1994)则指出,知识员工是指那些从各种渠道收集信息,使信息增值,并将增值后的信息发布给其他人的人。《生产率测量手册》则提出,知识员工是使用个人的判断并在日复一日的工作中做决策的人。Gartner Group 公司认为,知识员工是指那些对信息进行收集、深入分析并通过有效沟通,进而使信息增值,最终提供更好决策的人(杨杰,2004)。可见,此类定义将进行信息收集、整理、分析、运用的人员称为知识员工,工作内容是判断的标准。

知识员工的第二类定义是从工作方式的角度切入的,加拿大著名的学者型经理弗朗西斯·赫瑞比(2000)认为:知识员工就是那些创造财富时用脑多于用手的人,他们通过自己的创意、分析、判断、设计,给产品带来附加价值。Drucker(1999)在区分知识员工和蓝领时,认为蓝领是为机器服务的,和生产线联系在一起;而知识员工则相反,工作设备和手段由员工自己决定,具有独立性。Verna Allee(1998)认为,知识员工是指那些依赖通信技术和计算机的工作者,他们和那些以更直接的方式和原材料打交道的工作者有区别。可见,持此类观点的学者将工作方式作为判断工作者是否是知识员工的标准。

知识员工的第三类定义是从工作性质的角度切入的,将知识员工定义为从事知识性工作的人。由此,从探讨什么是知识员工转而探讨什么是知识性工作。Thomas 和 Baron(1994)从知识应用、决策难度、复杂性、单位工作时间、工作重复性、数量、工作技巧、结构化程度 8 个维度来判断工作性质。Kidd(1994)指出,在知识性工作中,多样性和后验行为模式是极为平常的;而在非知识性工作中,工作手段和产出的一致性才是至关重要的。国内学者杨杰等(2004)曾专门对中国人关于知识性工作的认知进行实证解析,研究结果表明,可以将知识技能的更新速度、对专业技术知识的要求、对创新的要求、对最低学历的要求、对质量的要求作为知识性工作判断的5项指标。可见,持此类观点的学者试图用评判指标来辨别知识性工作,从而界定知识员工的范围。

知识员工的第四类定义是从员工特征的角度来界定知识员工的范围,例如,玛汉·坦姆仆认为知识员工比其他群体具有更强的成长愿望、更高的工作自主要求、更强的成就感(张望军和彭剑锋,2001)。Horwitz等(2003)认为和其他员工相比,知识员工忠于职业胜过忠于组织,具有较大的流动性。还有不少学者将受教育程度或者拥有较多知识作为判定知识员工的条件(吴强和万可,2003;杨杰,2004;廖建桥等,2008)。

上述有关知识员工定义的内容简要汇总如表2-1所示。

表2-1 典型的知识员工定义

定义视角	代表人物	关键词汇
工作内容	Drucker、March、Simon、Thomas、Baron、Gartner Group	掌握和运用符号,利用知识或信息,信息收集、分析,做决策
工作方式	弗朗西斯·赫瑞比、Drucker P、Verna Allee	用脑多于用手,依赖于通信技术和计算机,不是机器的附属物
工作性质	Thomas、Baron、Kidd、杨杰等	决策难度,复杂性,结构化程度,多样性、工作手段产出一致性,专业技术知识的要求,创新性要求高,知识技能更新速度快
员工特征	Horwitz、杨杰、吴强、万可	成长愿望、工作自主性、成就感、流动性、学历要求、素质高

上述4类关于知识员工的定义,都是从某一个角度来反映人们对"知识员工"一词的理解,这些观点对于认识知识员工具有一定的意义,多方面的认识集中到一起有利于形成一个较全面的认识。尽

管如此,笔者认为上述第二类和第四类定义值得商榷,原因有以下两点。

第一,在知识经济时代,先进技术普遍被采用,特别是生产自动化、智能化水平迅速提高。在过去,传统产业的员工主要依靠与肢体动作有关的技巧工作,总是直接和大型生产设备面对面,围绕生产机器转来转去。而在现在的自动化生产线上,安装和使用计算机、数字通信设备等已经习以为常,因此,利用电脑等先进设备的工作方式可能已经不再是知识员工的工作本质。

第二,随着"产业关系学派""行为科学学派""劳动经济学派"等学派的研究者对人的关注,工人的思想觉悟发生了很大的变化,他们不再仅仅要求"干一天活给一天钱",而对工作环境、人格尊重以及个人成长等都有了强烈的渴望。在此形势下,20世纪中前期把雇用工人当作"会说话的工具"的时代已经一去不复返,以"胡萝卜加大棒"的方式促使工人高效率工作也不再是不二法则。在20世纪与21世纪之交,人们将"以人为本"的管理理念牢固树立起来,并付诸行动。这就使得以前所谓解放知识员工生产力的种种先决条件(如更深的工作参与度、更大的灵活性和对工作中取得的进步给予更大的肯定等)同样也适用于所谓的非知识员工。因此,工作自主、期望在工作中成长并获得成就感等心理特征也不是知识员工所独有,不能以此来定义知识员工。

鉴于此,笔者认为,对于知识员工的定义应该主要从工作内容和工作性质两个方面综合考虑。换句话说,知识员工是指那些有较多知识积累,利用知识和经验对信息进行加工处理使信息增值,并以此为职业的人,他们所从事的工作知识技能更新速度快、创新性要求高。

2.1.2 知识员工的涵盖对象

知识员工界限的模糊与知识员工定义的多样性有很大的关系。Drucker Peter 最初提出知识员工这一概念时,实际上特指经理人员,随着这一概念被大量使用,其实际所指对象已经发生了很大的变化。目前关于知识员工范围的界定大体有以下3种典型的观点。

第一种观点认为知识员工泛指大多数的白领和职业工作者。例如,王伟(1999)根据Gartner Group的定义对企业内知识员工的范围进行了如下推导:企业中的市场人员因富有创造力,擅长造势,深谋远虑而又洞悉市场,应是知识员工;销售人员人情练达又善于随机应变,野心勃勃而又雷厉风行,也应该是知识员工;技术类的客户服务人员善于分析、触类旁通,对技术喜新而不厌旧,也是知识员工。类似这种观点显得知识员工涵盖的对象比较宽泛。

第二种观点则将知识员工涵盖的对象范围界定得较为狭窄。该种观点认为,只有以知识密集型工作为职业的人才能称为知识员工,主要是指各种专业人员,如科学家、技术开发人员、工程技术人员、医生、律师、教师等(Helton,1987)。这种观点有悖Drucker Peter的初衷,因为Drucker Peter最初所提及的知识员工特指经理和执行经理,也就是现在常常所说的中层、高层管理人员,这一群体属于知识员工的观点至今被广大学者所认可,如Howitt(2002)就认为知识员工应该包括较高级管理人员。

第三种观点则是将从事各类职业的人员进行了区分,界定他们是否是知识员工。Beckstead和Baldwin(2003)结合加拿大职业分类标准,将知识员工划分为专业化职业、技术类职业和管理类职业三大类。杨杰(2006)通过大范围的调查,利用不同方法对中国八大类37小类工作进行知觉分类重复聚类,明确了中国人心目中的知识性工作。以上研究结果中所罗列的知识性工作如表2-2所示。

上述第一种观点对知识员工界定得过于宽泛,然而一个界定过于宽泛的术语实际用途是有限的。第二种观点所涵盖的对象范围又过于狭窄,普遍认可的知识员工群体——职业经理没有包括进来。从研究的可操作化层面而言,前两种观点都有明显的不足,都没有明确知识员工的具体研究口径,而第三种观点克服了以上不足。

表 2-2 知识员工涵盖的职业

职业分类		职业名称
Beckstead 和 Baldwin(2003) 提出的知识性工作职业	专业化职业	科学家、工程师、医生、律师、教师、财务人员、图书资料管理人员以及创作、翻译、艺术表演人员等
	技术类职业	机械、电子、制造技师,以及医疗护理人员等
	管理类职业	中高层行政管理人员,生产、营销、培训、物流方面的主管,以及工程、建筑管理人员等
杨杰(2006)提出的知识性工作职业	专业化职业	研究开发、教育培训、编辑、专业咨询、诊断、分析、创作写作、设计、策划、工程技术、会计、审计、统计、经济核算、翻译人员等
	管理类职业	高层管理人员

从 Beckstead 和 Baldwin(2003)、杨杰(2006)的研究结果中可以看到,杨杰所提及的知识性工作完全包含于 Beckstead 和 Baldwin(2003)的知识性工作中。另外,在杨杰的研究结论中,中层管理人员和一线管理人员既不属于知识工作者,也不属于非知识工作者,而属于"其他"。笔者认为,这两类人员在我国一般受过专业教育,主要也从事与信息处理有关的工作,在不少学者的研究中也被划分为知识员工(Dove,1998;刘智强,2005;骆静,2007)。因此,本书在杨杰的研究结果中,加入了这两类员工群体。

2.1.3 知识员工的分类

分类是认识事物的重要方法,知识员工的分类有助于人们认识各类知识员工的特点。然而,目前国内外对知识员工进行分类的文献研究并不多,原因有以下两个方面:其一,人们对知识员工的定义和边界认定还没有形成统一的认识,无法对知识员工进行清晰的分类;其二,当前人们更多的是把知识员工当作一个整体,来研究知识员工与一般员工的区别(如考核、激励等)。在已有的文献中,对知识员工的分类视角主要有以下 4 种。

第一种分类视角是知识员工(或人力资本)的战略特征。此种分类方法的理论依据来源于 Lepak 和 Snell(1999)提出的人力资本结构理论。该理论认为,并非所有雇员所拥有的知识和技能都具有相等的战略重要性,根据人力资本在唯一性(uniqueness)和价值(value)两个维度上的表现,可以相对应地把知识员工划分成先锋型、工兵型、卫士型和盟友型 4 种类型,见图 2-1。

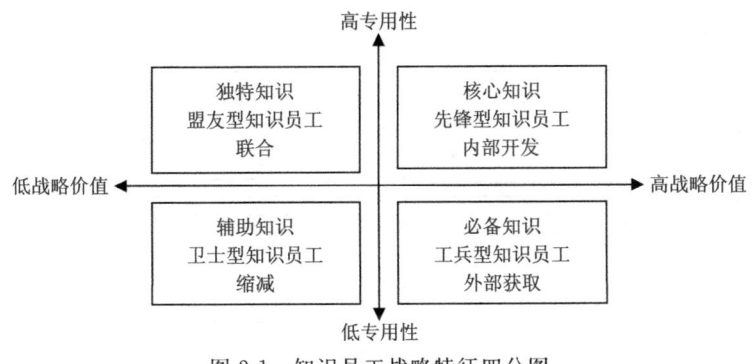

图 2-1 知识员工战略特征四分图

其中,先锋型知识员工掌握着企业的核心知识,具有高战略价值和高专用性;工兵型知识员工所掌握的知识虽然可以创造大量的客户价值,但缺乏企业专用性,不能为企业提供差异化的竞争优势;卫士型知识员工拥有通用的技能,具有有限的战略价值;盟友型知识员工掌握独特性的知识,其技能在某种程度上是独一无二的,但是他们并不直接创造客户价值。对于先锋型、工兵型、卫士型和盟友型知识员工,雇用管理模式分别是内部开发、外部获取、缩减和联合(赵琛徽,2004)。

第二种分类视角是知识员工的稀缺性和忠诚度。吴强和万可(2003)认为,"知识员工价值=稀缺性×忠诚度",并从稀缺性和忠诚度两个维度将知识员工分为 4 种类型,见图 2-2。该研究指出,核心型知识员工是指稀缺性很高,同时忠诚度也很高的知识员工,他们的知识和能力对于企业来说非常重要,是企业发展的核心力量,企业应对他们采取"放权式"的管理方式;紧密型知识员工是指稀缺性较低,但忠诚度很高的知识员工,他们的重要性一般,离职也不会给企业带来重大威胁,企业应对他们采取"指导式"的管理方式;边缘型知识员工是指稀缺性较低,同时忠诚度也不高的知识员工,企业应对他们采取"专权式"的管理方式;孤岛型知识员工是指稀缺性很高,但忠诚度较低的知识员工,他们拥有特殊的知识和技能,但与企业的目标不一致,此时企业应该采取"关注式"的管理方式。

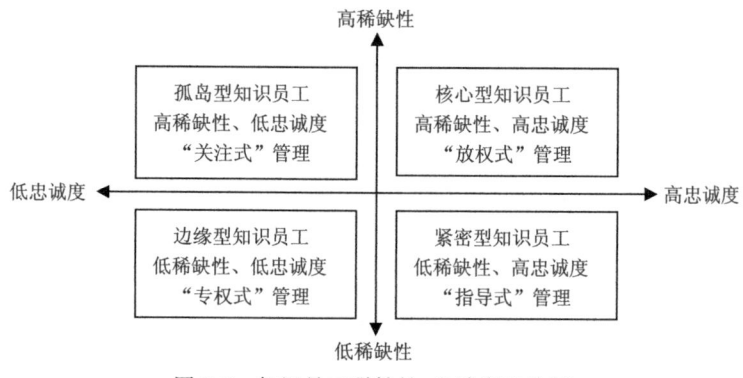

图 2-2　知识员工稀缺性-忠诚度四分图

第二种分类视角是知识工作的内容。廖建桥和义鹏(2009)认为,知识员工的工作内容可划分为 3 个维度,即知识创造、知识应用与知识传播。将每个维度区分为"高"与"低",并进行排列组合,可最终将知识员工分为 8 类,见表 2-3。

第四种分类视角是知识工作的性质,提出此种分类方法的代表人物是 Dove 和 Howitt。Dove(1998)根据知识工作的性质将知识员工分为三大类:创造性知识工作(creation of knowledge work)——以创造为基础,从事此类工作的人包括科学家、工程师、投资家、商业战略家和高级管理者等;便携式知识工作(portable knowledge work)——工作范围宽广并生效迅速,如专业经理,他们熟知可随时运用于当前企业的经营理论,工作弹性较高,可以从事不同部门的工作;专业性知识工作(specialty knowledge work)——工作范围狭隘但有较高效用,如律师、医生等,他们即使更换工作,一般不会脱离原来领域。Howitt(2003)根据知识性工作的性质,以加拿大新斯科舍省的知识员工为对象,将知识员工分为三大类:专业人士、工程及技术人员以及较高级的管理人员。其中专业人士包括科学家、工程师、医生、律师、创作策划人员、翻译、编审人员、艺术表演人员等;工程及技术人员包括建筑、路桥、测绘技术人员,以及机电工程师等。

表 2-3 分类视角为知识性工作内容的知识员工分类表

工作内容维度	知识创造	知识应用	知识传播	知识员工类型	典型知识员工举例
维度高低组合	高	高	高	I	高校教师
			低	II	工程技术研发人员
		低	高	III	哲学家
			低	IV	自然科学家
	低	高	高	V	咨询师
			低	VI	工程师
		低	高	VII	中小学教师
			低	VIII	一般行政人员

上述关于知识员工的分类,对于分门别类地管理知识员工具有重要意义,尤其是在前两种分类中,学者还给出了相对应的人力资源管理策略,但是与本研究主题有较为密切关系的分类却是后两种。第三种分类视角是工作内容,笔者尽管在做这一分类时并没有对3个维度工作内容的特点做进一步分析,但明确指出这是一个值得研究的方向,因为只有在了解这些工作内容特点的基础上,才能更好地制订有针对性的管理措施。第四种分类方法虽然直接从工作性质的角度切入,但这种分类显然不是单维度的划分,Dove 和 Howitt 并没有对分类的维度做必要的分析和说明。例如,在 Dove(1998)提出的

分类中,不少创造性知识工作从某种程度上说也是一种专业性知识工作。在 Howitt(2003)提出的分类中,工程及技术人员也很难与专业人士真正分开。

实际上,从工作的非程序化程度(创造性)来看,知识创造、知识应用、知识传播这 3 种知识工作的非程序化程度是依次降低的。无独有偶,第四种分类观点将创造性知识工作和便携式、专业性知识工作分开,也显然暗含着非程序化程度这一维度。除此之外,第四种分类观点的两位代表学者都不约而同地将管理类职业和专业性职业区分开,这一划分的实质标准是工作所需知识的"硬度"或者职业转换的"柔性"。因此,与工作本质密切相关的第三种和第四种知识员工分类视角,所隐含的共同分类视角是工作的非程序化程度和知识的"硬度",见图 2-3。

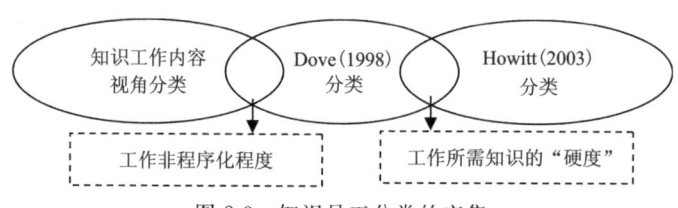

图 2-3　知识员工分类的交集

在上述分析的基础上,笔者认为工作所需知识的"硬度"和工作的非程序化程度是两个较好的分类维度,根据这两个维度的高低组合将知识员工分为 4 类。第一类为知识"硬度"小、非程序化程度低的知识员工,如基层管理人员等;第二类为知识"硬度"大、非程序化程度低的知识员工,如中小学教师、培训人员、翻译人员等;第三类为知识"硬度"大、非程序化程度高的知识员工,如基础研究人员、应用研究人员、技术开发人员、医生、律师等;第四类为知识"硬度"小、非程序化程度高的知识员工,如中层、高层管理人员(图 2-4)。这种分类对于厘定知识员工的范畴有一定的帮助。

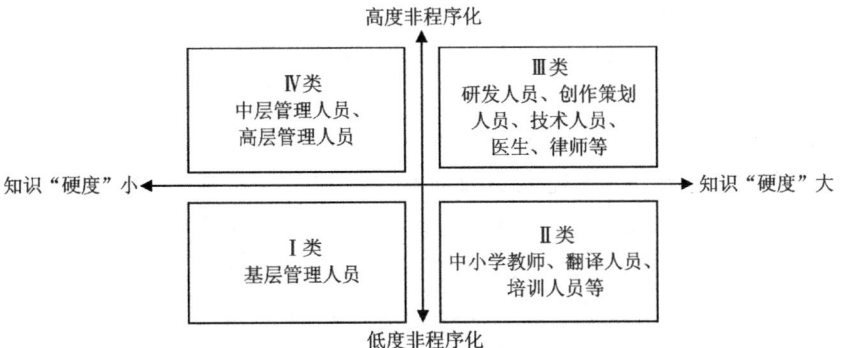

图 2-4　非程序化程度-知识"硬度"两个维知识员工分类四分图

2.2　关于 R&D 人员定义和分类的研究

R&D 人员的定义、范围界定和分类是经济、科技和管理活动中不可回避的问题,人们较早就对此展开了相关的研究。

2.2.1　R&D 人员的定义

虽然当前国内外讨论 R&D 人员管理的文献比较多,但是少有研究从理论层面对 R&D 人员的定义进行讨论,原因主要在于 R&D 人员的概念和其他 R&D 领域的相关概念(如 R&D 投入、R&D 机构等)不是首先来源于学者的学术研究成果,而是来源于早期工业化国家的科技活动统计和对科技指标的实践研究。

对于 R&D 活动的定义和统计,经济合作与发展组织(Organization for Economic Co-operation and Development,简称OECD)最早正式涉足,在《研究与试验发展(R&D)投入统计规范(试行)》中提出,R&D 活动指的是在一个系统基础上的创造性工作,其目的在于丰富有关人类、文化和社会的知识库,并利用这一知识进行新的发明。基于对 R&D 活动的定义,R&D 人员被认为是从事 R&D 活动的工作者,R&D 活动的数量和质量是衡量一个地区科技实力的重要指标。OECD 对 R&D 活动相关概念的界定得到其他权威机构,如联合国教科文组织(UNESCO)的认可。

我国在科技统计中,曾经将 R&D 人员解释为直接从事研究与试验发展工作的所有人员,以及为其提供直接服务的人员,诸如研究与试验发展经理、管理人员及全体办事人员等(杜谦和宋卫国,2004)。2009 年后,为了便于国际比较,我国开始采用 R&D 全时人员这个概念。R&D 全时人员指在报告年内参与研究与试验发展活动时间占全年工作时间 90% 及以上的人员。在计算 R&D 全时当量时,将非全时人员折合成全时人员。

综上所述,笔者认为从工作内容、工作方法、工作结果和工作时间 4 个方面综合考虑定义 R&D 人员较为合理,即 R&D 人员是利用全年 90% 以上的工作时间,运用科学的方法进行创造性工作的人员,其工作目的是丰富人类知识库并不断进行发明与创造。

2.2.2 R&D 人员的分类

分类是认识事物的重要方法。当前对 R&D 人员的分类方式主要有 4 种(李红玲,2009)。第一种是从 R&D 人员在研发活动中发挥作用的角度进行分类,将 R&D 人员分为直接参加 R&D 课题的人员、R&D 课题管理人员和直接服务于 R&D 课题的人员;第二种是从 R&D 人员素质的角度进行分类,分为科学家、工程师、辅助人员等;第三种是从 R&D 人员所处组织类型进行分类,分为高等院校 R&D 人员、企业 R&D 人员、非企业科研机构 R&D 人员等;第四种是从 R&D 活动类型的角度进行分类,分为基础研究人员、应用研究人员和试验发展人员。这 4 种分类方式都有特定意义,有些分类之间还存在一定的内在联系。

第一种和第二种分类方式在本质上具有相通性。根据人员配备的基本原则,为了尽量发挥人员作用并实现人力资源最优配置,具备不同专业素质的人员将分别在组织中发挥核心作用和辅助作用(方振邦,2003)。科学家、工程师相对于辅助人员,具备高科学素质,因此在整体科研活动中往往以"直接参加R&D课题人员"或"R&D课题管理人员"的身份出现。这可以帮助我们在实际R&D人员管理中,针对不同的R&D人员制订不同的岗位责任要求,根据骨干R&D人员和辅助人员之间的恰当比率关系来进行人员配备,促进人员间的相互协作。

第三种分类方式对当前科技体制改革具有重要指导作用。21世纪以来,随着我国科技体制改革,企业日渐成为国家创新体系的主体,因此企业R&D人员数量在全国R&D人员分布中的比重日渐增大,各类组织中的R&D人员数量结构也成为考察一个国家科技体制特点的重要依据。此外,第三种分类方式还为寻找调查样本提供了依据。为了获得实证样本,本研究将分别从高等院校、企业和非企业研发机构中寻找R&D人员作为调查对象。

第四种分类是从R&D活动的分类延伸而来的,鉴于本研究旨在在识别员工绩效特征的基础上探索绩效考核方法,该分类有助于我们认识R&D人员的绩效特征。因此,第四种分类与本研究主题的关系最为密切。

2.3 关于绩效内涵与结构的研究

开展绩效评价的前提是明确绩效的实质和结构,而这也是总结绩效特征的基础。关于绩效内涵与结构的文献浩如烟海,笔者将对前人在这两个方面的研究成果做简要的回顾与梳理。

2.3.1 绩效的内涵

绩效是人力资源管理活动中最常用的概念之一,一般可以从组织、团队、个体3个层面给绩效下定义。层面不同,绩效所包含的内容、影响因素及其测量方法也不同。对于个体绩效的内涵,人们从工作结果、工作行为和个人特征的角度有不同的理解。第一种观点认为绩效是在特定的时间内,由特定的工作职能或活动产生的产出记录;第二种观点认为绩效是与组织目标相关的、可观测的员工行为;第三种观点认为绩效是完成工作的能力;第四种观点认为绩效是工作行为和工作结果的综合体,这4种观点的代表学者和表述如表2-4所示。

表2-4 绩效的定义与表述

观点类别	代表学者	表述
结果类	Kane 等	绩效就是完成任务的结果,与产出、成果同义
	Bernardin	绩效是员工在特定时间内的基于特定的职能或活动的产物
行为类	Campbell 等	绩效不同于效果或生产率,它是涉及个体所表现的行为或活动
	Borman 等	绩效是可以评估的、多维度的、间断的与组织相关的行为结构体
	Rotundo 和 Sackett	绩效是在个体控制下的、对组织目标具有贡献的行动或行为
能力类	Benjamin	绩效是完成工作的能力
	Pulakos	绩效是员工适应组织发展、技术变化和全球一体化的能力
结果行为综合体	Poter 和 Lawler	绩效由工作成果的量、工作成果的质以及对工作尽力的程度所组成
	付亚和、许玉林	绩效是组织期望的结果、员工对组织的承诺、按照社会分工确定的角色所承担的那一份职责
	杨杰、方俐洛、凌文辁	绩效是某个个体在一定时间范围所表现出的与组织目标相关的可评价的行为表现和结果
	张德	绩效是一个人在其工作岗位上所呈现出的工作行为和工作结果

从工作结果角度来定义绩效,在某种程度上给绩效考评在操作上带来了方便,如评价标准较为明确,员工感到考评者主观性较小等。以工作结果来考核绩效的最大优势是将组织对员工的要求和员工的工作自主性有机结合起来。但这种绩效定义也存在4个主要问题:一是有些工作结果不外显,难以找到衡量的指标;二是有些工作结果受外界因素影响大,将员工不可控的工作结果作为评价指标显然不合理;三是绩效考核时只关注结果,不利于指导绩效考评方法的改进;四是结果评价是一种典型的事后控制,往往不能及时纠正偏差。

从工作行为角度来定义绩效虽然可以克服以结果定义绩效的不足,但也存在不少质疑:其一,当完成工作任务的方式多样化时,找出有代表性的样本行为是一件比较困难的事情;其二,用工作行为来评价员工的工作,需要评价人时时关注并记录员工的行为表现,这种监督成本是很高的,有时甚至是不可能执行的;其三,工作行为评价使得员工不能自主选择工作方式,从而有可能使组织失去活力和创造性。

当工作结果和工作行为定义绩效都存在不少问题时,用能力特征来定义绩效就成为一种不得已的选择。但是,能力毕竟只是绩效的预测因素和产生绩效的基础,而不是真正的绩效,现实中能力较强但对组织没有贡献的员工也并不少见,这正是能力和绩效不能划等号的原因。另外,能力本身的识别也往往要借助行为表现和工作结果,从这个意义上说,能力只不过是行为表现和工作结果的标签而已(Landy and Farr,1987)。因此,绩效就是完成工作的能力的定义是最值得商榷的。

鉴于上述分析,可以看出笼统地将绩效定义为工作行为或者工作结果的观点都有偏颇之处,绩效是工作行为和工作结果的综合体这一观点更容易让人接受,但笔者认为这并不意味着在进行绩效考核时,必须既评价工作行为,又评价工作结果。从工作行为类定义和工作结果类定义的分析可以看出,尽管笼统强调任何一个方面都是片面的,但在一定条件下也是成立的。当工作的程序化程度较高时,绩效可以被认为是工作行为,因为此时行为是可以观察的;当工作结果比较具体、受外界影响小时,绩效可以被认为是工作结果,因为此时工作结果是员工努力的真实体现;当工作的程序化程度较高,工作结果又比较具体、受外界影响小时,工作行为和工作结果都是绩效的代名词,二者是替代性关系;当工作的程序化程度较低,工作结果又不具体、受外界影响大时,工作行为和工作结果的综合评价可以从多角度反映绩效,二者是互补性关系。从这个角度来讲,绩效综合体类定义中的"和"字在某种程度上并非完全是简单的"与"的含义,还包括在一定条件下的"或"的含义,其具体含义的阐释条件以及在该条件下的绩效实质如图 2-5 所示(张光进和邵东杰,2013)。

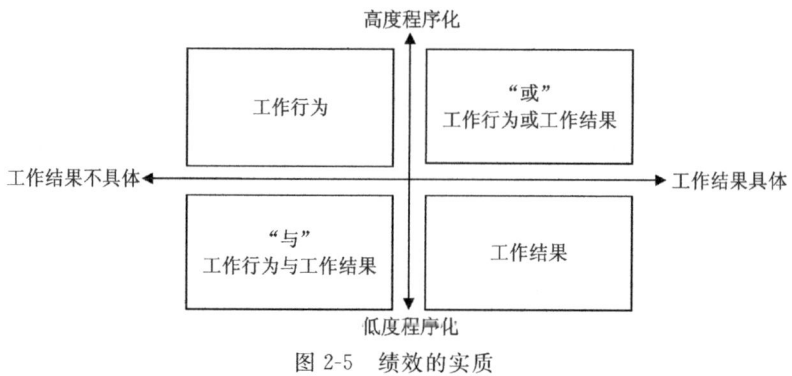

图 2-5 绩效的实质

2.3.2 绩效的结构

关于绩效的结构,人们从最初的单维到多维,经历了一个渐进的认识过程。历史上,早期的工业与组织心理学家通常不言而喻地将绩效视为单维度,亦或将注意的焦点集中在整体绩效(overall performance)上(Campbell et al.,1993),这种单维的绩效观念无助于进一步深入细致地研究。传统的绩效考核与评估通常也是从实际的任务出发,通过成熟的职务分析技术对职务的任务要求和行为要求做出较为详细的描述,然后根据这些描述对绩效进行考核。这种以工作任务为绩效考核中心内容的思路有以下两个基本假设:第一,职务分析与职务描述技术能够包括员工的所有工作活动;第二,职务活动之间的衔接十分紧密,组织中的所有职员只要完成各自的职务任务,组织就能够达到相应的目标。显然,这些假设在实际工作中是不易得到满足的,相反,有很多职务没有规定的活动(如帮助困境中的同事,弥补同事的差错等)不仅可以提高组织的效率,更是组织实现目标所不可或缺的,正因如此,这类没有规定的工作活动受到了人们的密切关注。

自从 Kataz 于 1964 年提出企业员工的角色外行为后,学者们对与之类似的行为,如组织公民行为、亲社会行为、组织奉献、关系绩效等进行了深入的探讨,提出这些概念的代表学者及其观点如表 2-5 所示。从表 2-5 中有关概念的基本要素可以看出,这些概念所涵盖的行为具有 3 个共同的特点:其一,这些行为都是一种自发或者自愿行为,而不是职务硬性要求的;其二,这些行为对于实现组织目标都是有利的;其三,这些行为在这几个不同的概念中大量重复出现。也

表 2-5 与组织公民行为相关的概念、代表学者、基本要素统计表

概念	代表学者	基本要素
职务外行为	Kataz 和 Kahan	和同事协调;维护制度;改善组织的创造性建议;额外的自我培训;为组织创造便利的外部环境
组织公民行为	Organ	利他行为;尽责任;运动员精神(少抱怨、不犯错、讲团结);谦让有礼;公民美德
组织奉献	George 和 Brief	帮助同事;保护组织;提建设性意见;自我发展;传播良好意愿
亲社会行为	Brief 和 Motowidlo	帮助同事;宽宏大量;提改进建议;付出额外努力;做额外工作;宣传组织良好形象
关系绩效	Borman 和 Motowidlo	主动执行工作外任务;超常的工作热情和努力;帮助别人;自律;认同、支持和维护组织利益

正因为此,这些概念的实质被广大学者认为是基本相同的或者说是类似的,在研究中具体采用什么样的术语,主要取决于研究者的兴趣和对词语的偏好(Weiner,2000)。

通过对角色外行为的大量研究,人们逐渐认识到角色外行为的重要性,也进一步认识到评价一个员工的绩效仅仅从工作任务的角度是不够的,这就产生了一个引人深思的问题,绩效究竟包括哪些成分?这就是所谓的绩效结构,对于这个问题的研究已经有20多种理论成果,其中较有代表性的是以下4种,如表2-6所示。

表2-6 关于绩效的结构类型、代表学者、基本观点、研究对象统计表

结构类型	代表学者	基本观点	研究对象
三维结构	Kataz、Kahan	①加入并留在组织中;②可靠地履行具体角色和完成工作任务;③自发地参与组织对员工规定之外的活动	无特指
	孙健敏、焦长泉	①任务绩效;②个人特质绩效:与管理者特点有关的行为;③人际关系绩效	管理者
二维结构	Borman、Motowidlo	①任务绩效:组织所规定的行为或与特定作业有关的行为,这种绩效和个体的能力、完成任务的熟练程度和工作知识密切相关;②关系绩效:对组织目标完成有促进作用的自发行为或与特定工作无关的行为,如组织公民行为、亲社会行为、组织奉献行为等,这种绩效和个体的人格特质、关系知识、关系技能密切相关	无特指
	王辉、李晓轩、罗胜强	①任务绩效;②关系绩效:人际促进和工作奉献	银行员工
八维结构	Campbell	①特定工作任务的熟练行为;②非特定工作任务的熟练行为;③书面与口头沟通能力;④努力程度;⑤遵守纪律;⑥促进同事与团队的绩效表现;⑦监督与领导;⑧行政管理	士兵

续表 2-6

结构类型	代表学者	基本观点	研究对象
四维结构	韩翼	①任务绩效:工作职责,工作技能,工作知识;②关系绩效:协助同事,遵守规则,个人自律,额外努力;③学习绩效:学习意愿,学习行动,学习结果;④创新绩效:创新意愿,创新行动,创新结果	无特指
	Conway	①任务绩效:行政管理绩效和领导任务绩效;②关系绩效:人际促进和工作奉献	管理者

Kataz 和 Kahan(1978)提出的三维绩效理论中,"加入并留在组织"这一成分作为绩效存在较大的争议,因为留在组织但没有对组织目标的实现做任何贡献,其绩效就无从谈起。对于绩效的评价,直接管理者往往根据规定的和自发的行为进行判断。Kataz 和 Kahan(1978)的三维绩效模型的最大贡献是将组织所要求的对组织很重要的行为与同样对组织很重要但是自发的、而不是规定的行为进行了区分。

Conway(1999)提出的四维绩效结构是在 Borman 和 Motowidlo(1993)提出的二维结构基础上对管理人员进一步的细分,因此,在本质上和二维绩效结构是相同的。王辉等(2003)在关于管理人员绩效结构的研究结果中,提出了任务绩效、个人特质绩效、人际关系绩效 3 种绩效成分。王辉等人在比较这 3 种绩效成分和 Conway(1999)的研究结论时明确指出,任务绩效实际代表 Conway 的行政管理和领导任务;个人特质绩效类似于 Conway 提出的人际促进和工作奉献;而人际关系绩效既表现为 Conway 提出的领导任务,又表现为 Conway 提出的人际促进和工作奉献。从这些绩效成分的对应关系看,王辉等人研究成果的意义在于提出管理者的人际关系绩效归属的不确定性问题(即属于任务绩效,还是属于关系绩效),但并没有超出二维绩效的框架。

Campbell 等人是最早进行绩效结构研究的学者之一,他们在 1990 年的研究成果被许多研究所引用(Borman and Motowidlo, 1993;Scotter and Motowidlo,1994;Conway,1999,2000),但是在他们的研究中,士兵是一个非常独特的群体,缺乏普遍意义上的代表性。Campbell 在 1993 年提出的绩效模型更多是建立在推测的基础之上,尽管他们提出所有的行为模式都可以纳入该模型,但是缺乏实证研究。周智红(2000)认为,Campbell 等人提出的绩效模型与 Motowidlo 提出的二维绩效模型是相同的,并将因特定任务而产生组织成效的绩效行为与因其他方式而产生组织成效的绩效行为进行了区分,特定任务的因素更多地渗透在组织所规定的角色内行为里,其他的因素更多地渗透在角色外行为里。笔者同意周智红的看法并且认为 Campbell(1993)的八维绩效模型中"特定工作任务的熟练行为,努力程度,遵守纪律"是每项工作任务的主要组成部分,"书面与口头沟通能力,监督与领导、行政管理能力"则随着不同的工作而变化,这些都属于角色内行为或者任务绩效的内容。剩下的如"非特定工作任务的熟练行为,促进同事与团队的绩效表现"则属于关系绩效的内容。

四维绩效模型的代表学者韩翼(2007)认为,在外部环境快速变化和倡导学习型个人的时代,持续创新和不断学习对于响应外部变化和胜任岗位要求具有格外重要的意义。从这一背景出发,衡量某个员工的绩效,仅仅对任务绩效和关系绩效进行评价是不够的,考评创新绩效和学习绩效必不可少。张京(2009)从专门对知识员工绩效结构的研究中也得到了类似的结论。笔者承认创新和学习在知识经济时代的重要性不言而喻,但这两个方面很难独立于任务绩效和关系绩效之外。创新不是一个没有标的的空概念,凡是创新都有具体的对象和内容,如果是完成工作任务需要创新,则这一活动当属于任务绩效的一个方面;如果是向组织提出革新建议,但这一革新建议又不是自己的本职工作,属于典型的关系绩效。学习同样可以分为组织要求的学习和个人自愿的学习,前者当属于任务绩效,而后者则是典型的关系绩效。实际上,表 2-5 中关系绩效的基本要素已经多次罗列出了与这两项有关的内容(严进,1999)。从这个意义上来说,创新和学习都是任务绩效和关系绩效的嵌入要素,具体是属于任务绩效还是关系绩效,需要根据创新和学习是否是组织所规定的职责来判断。

Borman 和 Motowidlo(1993)在 Kataz 和 Kahan(1978)的三维绩效模型、Organ(1988)的组织公民行为理论、Brief 和 Motowidlo(1986)的亲社会行为理论、George 和 Brief(1992)的组织奉献理论的基础上,提出了行为绩效包括任务绩效和关系绩效的二维结构模型。其中,任务绩效指岗位所规定的行为或与特定的工作熟练程度有关的行为,即角色内行为;关系绩效指对组织目标完成有促进作用的自发行为或与非特定的工作熟练程度有关的行为,亦即角色外行为。

Borman 和 Motowidlo(1993)的绩效二分法提出之后,得到了多方面研究的验证,例如,Scotter 和 Motowidlo(1994)通过求解任务绩效、关系绩效和整体绩效之间的相关性并进行逐步回归分析发现,任务绩效和关系绩效独立地对整体绩效起作用。Conway(1996)采用多质-多评价者法和验证性因素分析对任务绩效和关系绩效的效度进行了检验。结果表明,应将任务绩效和关系绩效作为独立成分,且非管理职务的作业绩效和关系绩效的差异比管理职务的作业绩效和关系绩效的差异更明显。Borman 等人在 1997 年的一项研究中表明,当关系绩效作为效标并被独立评定时,它与人格测验有很高的相关性,这表明人格测验可以很好地预测关系绩效。同时,该研究还表明,能力可以很好地预测任务绩效。任务绩效和关系绩效能被不同的预测源预测,也间接地证明了作业绩效和关系绩效的区别。

Borman 和 Motowidlo(1993)提出的二维绩效模型作为一种影响力较大理论模型,科学之处不仅在于二维绩效模型的两个维度可以较为清晰地区分开,还在于二维绩效模型具有良好的包容性。关于绩效结构,尽管有多种观点,但二维绩效模型无疑更容易让人们信服,并且这一理论模型在国内外也得到了验证。

二维绩效模型的提出在理论和实践两个方面都具有重要的意义。首先,它深化了人们对绩效的认识,同时也显示出传统绩效评定方法的局限性;其次,任务绩效与关系绩效相对独立,且各自受不同的因素影响,特别是关系绩效与人格因素密切相关,从侧面说明了通过人格特征测试进行人事选拔的合理性;再次,作业绩效与关系绩效的区分为任务绩效不能完全预测组织绩效提供了解释;最后,良好的关系绩效不一定能提高任职者本人的任务绩效,但无疑有助于他人组织活动。绩效评定是组织成员的指挥棒,因此,作业绩效和关系绩效都应当在绩效评定中得到体现。

2.3.3 对关系绩效评价的认识

关系绩效虽然是重要的,但它不是本书的研究重点,原因有以下5个方面。

(1)有关研究表明,尽管任务绩效依据不同职务而变化,但关系绩效在不同职务之间是稳定和类似的(马成功等,2002)。由表2-7可以知,关系绩效的行为可以划分为帮助同事、公民美德、尽责、自我学习、建设性提议、人际和谐6个方面。

(2)人格特质是关系绩效的有效预测源。用人格特质来预测工作绩效,长期以来一直因预测效度众说纷纭而不能令人满意,这其中的主要原因之一是研究者缺乏一个统一的广泛被接受的人格分类框架。同时,预测效标要么过于笼统(如整体绩效),要么过于繁杂随意(如培训成绩、领导能力、行为举止、人际关系、工作定向、适应能力等),使得研究结果缺乏可比性(Barrack and Mount,1993;Hough,et al.,1994)。Borman 和 Motowidlo(1993)提出了任务绩效与关系绩效的划分依据为预测效标的选择提供了较为统一的框架。国外已有大量研究证明,使用"大五"人格理论可以较好地预测职务绩效,特别是关系绩效(Hough,et al.,1990;Borman and Motowidlo,1993,1997;Scotter and Motowidlo,1994)。

表 2-7　关系绩效代表性观点、要素归类统计表

行为归类	职务外行为 [Kataz和Kahan (1978)]	西方组织公民行为 [Organ (1988)]	组织奉献 [George和Brief (1992)]	亲社会行为 [Brief和Motowidlo (1986)]	关系绩效 [Borman和Motowidlo (1993)]	中国组织公民行为 [Farh (1997)]
帮助同事		利他行为	帮助同事	帮助同事	帮助别人	协助同事
公民美德	为组织创造便利的外部环境	公民美德	保护组织，传播良好意愿	宣传组织良好形象	认同、支持和维护组织利益	认同组织
尽责	维护制度	尽责任		付出额外努力	超常的工作热情和努力，自律	敬业守法
自我学习	额外的自我培训		自我发展			
建设性提议	改善组织的创造性建议		提建设性意见	提改进建议		
人际和谐	和同事协调	谦让有礼	宽宏大量			人际和谐

(3)关系绩效都是行为表现，基于行为的考评方法，尤其是关键事件技术使得关系绩效的考评变得相对容易。虽然关系绩效的具体维度或者说包含的内容有少许差异，但学者们毫无例外地都将关系绩效界定为绩效行为，并且是在组织工作情境中的绩效行为。行为主义心理学家在讨论如何增强绩效评定的有效性问题时指出，由了解职务的观察者或者专家通过关键事件技术（critical index technique）可以获得有效工作行为和无效工作行为的事件描述，从而得出员工的绩效差别（Cascio,1998）。关系绩效所涵盖的行为是容

易观察的,行为和结果之间的关系是线性的,描述这一线性关系的关键事件也较为容易获取(Lee,1985;Guion and Gibson,1988)。

(4)任务绩效毕竟是最重要的,也是绩效考评应首先关注的内容。尽管关系绩效对于组织目标达成、提升群体绩效、实现可持续发展具有重要的作用,但很难想象,如果员工的本职工作没有做好,这个组织如何维持正常运转,又从何谈发展?因此在绝大多数时候,员工应该首先完成本职工作任务。组织也应首先考虑怎样衡量员工工作任务的完成情况。实际上,大部分的绩效考评研究也仍然是在探讨如何有效地衡量员工的任务绩效。

(5)中美不同的国情和文化决定了绩效研究重点的差异。在Hofstede的文化差异理论中,个人主义是美国文化的基本特征之一,它强调个人行动和个人利益(Nath and Sadhu,1988)。另外,受科学管理理论的影响,美国企业都倾向于把管理作为一门具有严密逻辑、精确定量分析和具有普遍必然性的科学。这使得美国的企业管理具有浓厚的理性主义色彩,它们往往对各个职位都规定出极其明确的工作内容、责任、程序和回报(刘华微,2005)。在这一背景下,完成本职工作从组织取得报酬被员工认为是理所当然的事情。组织也是根据各个员工的任务完成情况进行评价和奖惩。而关系绩效所涵盖的行为则是劳动契约和工作职责外的新事物,需要重点单独研究并加以评价。中国是一个集体主义文化占主导地位的国家,人情面子、相互协作在工作场所中并不鲜见(佐斌,1997;翟学伟,2004)。同时,管理是一门以人为中心的学问,人的能动性决定了管理不可能像自然科学那样精密,工作与工作之间的界限也不可能完全分清。中国文化讲求中庸之道,主张"允执厥中",反对"过犹不及",这是中国员工工作职责不太清晰的主要原因(朱枝富,2001)。在这一背景下,关系绩效在中国并不鲜见。梁开广在研究中发现,中国企业的管理人员在评价下级的工作表现时,往往包括了对关系绩效的评价(马成功等,2002)。周智红等(2000)认为,中国组织目前的绩效评定容易受感情和人际关系等因素的影响,关系绩效往往被赋予更大的权重。

因此,从这个角度来讲,中国绩效考评研究的重点不是关系绩效,而是如何把关系绩效对任务绩效评价的影响降至最低。

鉴于上述分析,本书的研究重点在于任务绩效的考评,对绩效特征的文献梳理,是从任务绩效行为和任务绩效结果两个方面来进行的。为了表述得简便,后文中的"绩效"一词如无特别说明均指任务绩效。

2.4 关于知识员工绩效考核的研究

鉴于知识员工绩效考核的挑战性,学者们在知识员工的绩效特征以及考核方法方面展开了探讨。

2.4.1 知识员工的绩效特征

2.4.1.1 知识员工绩效行为的特征

文献回顾表明,对知识员工的绩效特征进行直接集中的研究非常少,一般只是偶尔提及,缺乏深入分析和系统地总结。关于知识员工绩效行为特征的讨论主要体现在以下3个方面。

首先,绩效行为是否不可视。很多学者认为,由于知识员工的工作主要是思维性活动,劳动主要在大脑内进行,劳动过程往往是无形的,因而对知识员工的绩效创造过程加以监控几乎没有意义(Brisley,1983;李树丞和乐国玲,2004)。例如,研究人员坐在办公桌前沉思,外人很难确定他是在对研究方案进行构思,还是在想家庭琐事。但也有学者认为,并不是所有知识员工的绩效行为都不可视(张光进和廖建桥,2006)。例如,一般管理人员的工作方式、技术辅助人员服务客户的态度等是可以观察且对绩效评价具有重要意义的要素。

其次,绩效行为是否具有多样性。很多学者认为,知识员工的工作任务一旦确定之后,完成工作任务的方式是多种多样的,不像工人那样,工作方式方法基本相同且可以标准化。Harris等人(1987)就曾指出,尽管知识型劳动分类不难,但是要包括所有的活动却几乎不可能。也有部分学者持不同意见,他们认为部分知识员工的工作方式表面上是多样的,但实质是相同的。例如,基层管理者的工作基本上是对信息进行传递,而不是信息加工(廖建桥等,2004)。

最后,绩效行为是否具有非结构性。部分学者认为,知识员工的工作重复程度较低,没有一套按部就班的法则。现实中的典型例子很多,例如,艺术家在创作时强调灵感的作用,科学家总是在探索未知领域,他们的工作基本都是具有创造性的,也正因为如此,传统的绩效考核方法遇到了严峻的挑战(Ray and Sahu,1989;汲培文,1999)。但也有学者主张,有些知识员工的工作大多是重复性的,例如,基层管理人员整天处理着大量的事务性工作;翻译人员则按照固定的语法将一种语言转换成另一种语言;中小学教师年复一年地传授着变化不多的知识;他们的绩效行为呈现出结构化(张光进和廖建桥,2006)。

2.4.1.2 知识员工绩效结果的特征

关于知识员工绩效结果特征的探讨主要集中在以下两个方面。

第一,绩效结果是否能够量化。研究者认为知识员工绩效结果不易量化主要有3个方面的原因。其一,几乎所有的知识员工不从事直接生产,他们的工作成果不像工人那样是具体的产品,而一般表现为知识或是无形的服务,本身难以计量(Latzko and Saunders,1995)。其二,知识产品的价值形态多样,评判标准缺少可比性。部分知识成果可以通过市场交易实现经济价值,但很多知识成果却往往只有社会效益和环境效益,其间接经济效益无法估算,这几种不同的价值难以进行比较。其三,即使只有社会效益的知识成果,其价值评价也存在诸多争议。最为典型的例子就是学术论文和著作之间的价值比较。有人认为,由于期刊评委的专业性,高质量期刊中的学术论文比著作更能代表作者的研究价值,体现作者对学术的独立贡献;但在很多高校对教师的评价体系中,著作的权重却远远高于学术论文的权重,通常有几篇论文等同于一部著作的考评政策。学术论文和著作在价值上究竟是什么关系一直存在争论(周黎安和柯荣住,2003)。与知识员工绩效结果不易量化的观点相对应,也有研究表明,即使是非常典型的知识员工,如理论研究人员和企业高管,他们也认为应该有适当的量化指标来衡量他们的工作成绩,或者说对他们的考核应以量化考核为主。张光进等人(2007)在一次较大范围的调查中发现,超过70%的理论研究人员对学术论文代表其研究水平、学术期刊存在质量差异、期刊质量与刊载论文的质量存在正相关关系持认可态度,这也就暗含着,对于这一知识员工群体也并非没有量化指标可以采用。在实践中,很多高校将期刊分级,根据教师在不同级别期刊发表的论文数量计算分数。这种做法虽然存在不少问题,但比没有任何考核指标或靠主观评价要好很多。对于企业高层管理人员,其绩效考核也大多是以结果类指标为主。廖建桥等人(2007)在一次大规模调查中发现,84%的中国企业高层管理人员采用目标管理法。国务院国有资产监督管理委员会对中央企业负责人的考核指标主要有年度利润总额、净资产收益率、国有资产保值增值率、主营业务收入平均增长率、技术创新投入和产出等。《中央企业负责人经营业绩考核暂行办法》中提及的考核方法更接近国际上通用的对企业的考核方法(刘晓嫱,2004)。

第二,绩效结果是否具有风险性。风险性是指知识员工绩效结果的取得是否具有不确定性。学者们对于不确定性的探讨主要集中在两个方面:一是外部环境的不确定性;二是指技术或者方案的不成熟性(Zabojnik,1996;Raith,2004)。对于高层管理人员而言,快速变化的外部环境对其绩效结果有着较大影响,而这些影响在很大程度上又不能被高层管理人员预见和控制,这也正是反对以结果论绩效的基本理由。这种外部环境使得高层管理人员的努力不能很好地在企业绩效中得到真实反映(李津燕,2005;蒋万胜,2007)。例如,2005年上半年,由于市场行情较差,中国上市公司投资二级市场的股票收益整体情况较差,总收益为负值。合计股票投资收益为-1 745.65

万元,分别亏掉利润总额和净利润的 0.01% 和 0.02%(田东红,2005)。但在 2007 年,上市公司来自于股市投资的收益良多,789 家公司上半年投资收益合计约 251 亿元(陈健,2007)。又如,2022 年在基金市场上,全球经济遭遇多重冲击,"黑天鹅""灰犀牛"轮番上演,基金市场可谓遭遇"股债双杀",当年全球市场基金平均收益率为 -10.5%,近七成基金年内收益告负,权益类基金更甚,平均收益率为 -17%,不到一成权益基金取得正收益。但在 2014 年,股票基金以 31.51% 的平均回报率收官,只有极个别产品赔钱。由此可见,这些基金的收益表现与整个市场环境有更大的关系,基金经理的努力和付出与基金表现关联不大。学者们在论述技术或者方案的不成熟性对工作结果的影响时,主要是针对研究开发人员而言的,根据国内外广泛采用的 R&D 分类方法,可将 R&D 活动分为 3 类,即基础研究、应用研究和实验发展。由于研究开发活动的很多任务是探索未知,既然是探索,就意味着有失败和成功两种可能。据资料统计,纯基础研究的成功率一般为 3%;应用研究的不确定性稍小,但成功率也最多达到 15%(陈劲等,2004)。这说明研发活动是否能够达到预期目标存在较大的不确定性。廖建桥等人(2009)认为,对于风险较大但是非常有意义的创造性知识工作,如果创造过程执行了,即使失败了,知识员工的绩效考核结果也应该被定为合格或称职,否则要么出现造假情况,要么没有人愿意创新,这两种情况对知识性工作都是有害无益的。除了高层管理人员和研究开发人员之外,其他类型知识员工所面临不确定性相对较小。

上述关于知识员工绩效特征的研究成果有两个主要特点:一方面,文献显得比较零散,不够集中,直接而深入的讨论并不多见;另一方面,学者们的看法也存在不少分歧,例如,知识员工的工作行为是否具有不可视性、多样性、非结构性等,并没有完全一致的看法。笔者认为,如果把宽泛定义下的知识员工工作为一个不言自明的总体,其绩效特征几乎没有,即使有绩效特征(如从事脑力劳动),对于管理实践的指导也没有太大的意义;但如果对知识员工进行分类,各类知识员工的绩效特征是比较明显的。

2.4.1.3 知识员工绩效特征的总结

根据本章第 1 节中笔者对知识员工的分类总结,各类知识员工的绩效特征如表 2-8 所示。

表 2-8 知识员工绩效特征理论总结

员工类型	典型岗位	绩效行为的特征			绩效结果的特征	
		不可视性	多样性	非结构性	不易量化	风险性
Ⅰ类	基层管理人员	★	★	★	◇	★
Ⅱ类	培训人员	★	★	★	★	★
Ⅲ类	医生、律师	●	●	●	★	★
	技术开发人员	●	●	●	★	◇
	基础研究人员	●	●	●	◇	◇
Ⅳ类	中层管理人员	●	●	●	★	★
	高层管理人员	●	●	●	◇	●

注:表中的●代表"是"或者"显性",★代表"否"或者"弱性",◇代表"不确定"。

从表 2-8 可以发现,不同类型的知识员工的绩效属性有明显的差异,表现为绩效属性上不同的"显性"和"弱性"。当然,上述不同类型知识员工的绩效特征只是基于文献的分析和总结。

2.4.2 知识员工的绩效考核方法

以往的研究常常是就具体职业知识员工的绩效考评方法进行探讨,参照 Milkovich 等人(1994)的分类原则,以往研究所涉及的知识员工绩效考评方法可以分为基于工作结果的绩效考评方法、基于工作行为的绩效考评方法和基于员工特征的绩效考评方法 3 类。

(1)基于工作结果的绩效考评方法。虽然部分知识员工的绩效结果具有不易量化的特点,但基于工作结果的绩效考评方法仍然有不同程度的应用。在某些领域,甚至成为主要方法。根据方法的定量化程度,可以将知识员工基于工作结果的绩效考评方法归纳为两大类。第一类是以主观分析和定性评价为主的方法。其中,最具代表性的方法就是同行评议法。同行评议法在知识成果鉴定、科研项目审批、高级人才认定等方面应用十分普遍(陈光等,2021)。第二类是以定量评价为主的方法。具体可进一步细分为科学计量学方法、经济学方法和"纯数学"方法。科学计量学方法主要用于知识成果的评价,它主要通过分析发表论文的数量、质量、被引频次,专利授权数等来评定知识员工的绩效。经济学方法主要包括生产函数法、投入产出法和基于KPI(key performance indicator,简称KPI)的平衡记分卡法。"纯数学"方法要取得好的效果,也必须与定性分析相结合,比如评价指标的合理设计、指标值的判断取舍等都有主观成分。"纯数学"方法通常包括层次分析法、模糊综合评价法等(张光进和廖建桥,2006)。

(2)基于工作行为的绩效考评方法。这种方法的研究始于20世纪60年代,至今仍然是管理实践和理论研究的热点。但是,由于一些知识员工的绩效行为具有不可视、多样性、非结构化等特点,该方法的适用条件具有严格限定。Lee等人(1985)提出,只有当手段-结果关系显性,知识转化率高时,基于行为的绩效考评方法才比较有效。显然,很大一部分知识员工(图2-4中Ⅲ类和Ⅳ类)的工作特征几乎与此相反,所以,对于图2-4中Ⅲ类和Ⅳ类知识员工的任务绩效采用基于行为的考评方法是很少的。目前,已有的研究主要集中在两个方面。第一,对于图2-4中Ⅰ类和Ⅱ类知识员工的绩效考评,基于行为的绩效考评方法仍然是比较有效的,如工作抽样法、工作日志法等被证明可以较好地衡量部分知识员工的绩效。工业工程中的传统方法,如工作单元分析法、操作职能分析、工作时间利用法、混合时间测量法等也被广泛应用于衡量知识员工的绩效(Ray and Sahu,

1989)。第二,除了可以用人格特质对知识员工关系绩效进行预测外,还可以利用关键事件技术开发出行为评价量表来评价知识员工关系绩效(马成功等,2002)。

(3)基于员工特征的绩效考评方法。部分知识员工工作过程的不可观测性,以及工作成果的不易量化性,使传统的基于行为和结果的绩效评价体系受到严峻挑战。对知识员工绩效的测度需要从效率和能力等多方面综合考虑。严格说来,基于员工特征的绩效考评方法实际上是绩效预测方法。基于员工特征的绩效考评方法的核心是构建能力模型,即找出能够有效预测绩效的能力特质。虽然能力模型多种多样,但它们与能力概念界定密切相关,总的看来,有3种较为典型的能力模型。第一种以英国学者的主流观点为代表,即工作导向型的能力模型。第二种以美国学者的主流观点为代表,即员工导向型的能力模型。两者的区别在于前者分析的重点是"工作",而后者分析的重点是"员工"。第三种是情景依赖的有机能力模型,该模型建立的出发点是个人能力的有效性取决于个人所具有的能力同岗位所需要能力的匹配程度。这种相匹配的有机能力是影响个人绩效的主要因素(王勇和许庆瑞,2003)。基于员工特征的绩效考评方法虽然长期以来一直备受关注,但其有效性却众说纷纭,这一状况随着"大五"人格和二维绩效模型的提出有了较大的改变。国外已有大量研究证明,使用"大五"人格可以较好地预测绩效,特别是关系绩效。国内学者通过跨文化研究也证实了人格特质与工作绩效的相关性(甘怡群等,2002)。但是,"大五"人格对于不同职业任务绩效的预测效度不同,这说明基于员工特征的绩效考评方法还需要进一步验证。另外,知识员工的绩效除了取决于知识员工自身的能力外,员工的敬业度也是一个重要的影响因素(张光进和廖建桥,2006)。

从已有关于知识员工绩效考核方法的文献来看,考核方法有两个较明显的特点:一是多数学位论文是以某个具体组织为案例,对不同类别的知识性工作岗位设计不同的考核方案,没有很好地回答"为什么要如此考核或者为什么使用这种考核方法"。二是期刊论文多为理论探讨，往往把知识员工作为一个总体研究对象，散点式地提出考核知识员工时应该采用什么方法或者避免采用什么方法。实际上，鉴于不同类型知识员工绩效特点的差异，没有适用于所有知识员工的万能绩效考核方法，也没有一无是处的考核方法，但现有大量的不加区分的论点，对指导实践中某一具体类别知识员工考核方法的选择具有较大的模糊性。

2.5 关于R&D人员绩效考核的研究

作为最为典型的知识员工，R&D人员的绩效考核长期以来是一个管理难题。有关R&D人员绩效考核的研究。主要体现在以下3个方面。

2.5.1 R&D人员绩效考核必要性的争论

虽然不少学者参与讨论如何改进R&D人员考核方法、提高考核效率，但是仍然有不少学者对R&D人员绩效考核工作的必要性提出质疑（Brown，1991；Miller，1995；许庆瑞等，2002；戴江华，2004）。根据争论的内容以及各派所持的主要观点，可以将R&D人员绩效考核必要性争论的群体划分为两个流派，分别是不主张考核的"贵族派"和主张考核的"平民派"（李红玲，2009）。

不主张考核的"贵族派"认为，R&D活动以创造性和新颖性为本质特征，以产生新的知识或创造新的应用为根本目的，这种特征和目的将R&D活动和其他事务性活动区分开来。R&D人员工作成果难以测量，成果的价值缺乏客观评价标准（许庆瑞等，2002）。此外，该派还认为R&D人员作为知识员工的典型代表，具有实现自我价值的强烈愿望，应该高度重视成就激励和精神激励。实施绩效考核是在强化R&D人员的外在动机，是对R&D人员内在工作动机的削弱（天外伺郎，2007），所以从个体特征角度出发，也不应对R&D人员进行考核。

主张考核的"平民派"认为,虽然 R&D 活动具有创造性和新颖性,但不足以使 R&D 人员可以豁免绩效考核。他们认为整个 R&D 活动无非也是"Input-Process-Output"的过程模式,即知识和信息输入后,通过加工处理,然后形成产品输出,并把产品推向社会(Schumann et al. ,1995)。R&D 人员需要像其他人员一样通过绩效考核来证明他们的"价值",进而决定他们的工作报酬。

关于 R&D 人员的绩效考核是否有必要性,李红玲(2009)的观点可能是较为理性的。她认为绩效考核是管理活动发挥控制职能的体现,对 R&D 人员的管理离不开绩效考核。大多数 R&D 人员绩效突出的企业都有较为正式的绩效考核制度,考核是提高 R&D 人员绩效的重要手段。R&D 人员绩效考核必要性争论的根源,不是应不应该考核和能不能考核,而是目前还缺乏有效的考核方法和理论指导。

2.5.2 R&D 人员绩效考核模式

根据 R&D 人员绩效考核的指导思想和考核指标,李红玲(2008)对 R&D 人员的绩效考核模式进行了较全面的总结。她认为R&D 人员绩效考核模式可大致分为 3 种阶段性模式。

2.5.2.1 德国模式

20 世纪 50 年代以前,R&D 活动是一种缺乏明确目的、规划与管理的活动。R&D 人员的工作是一种自发行为,其绩效来源于R&D 人员的自我管理。直至 1997 年,Werner 和 Souder 经过比较研究发现,在接受调查的诸多德国企业中,虽然它们也充分意识到考核 R&D 人员的工作绩效的重要性,却几乎没有采用定量指标来衡量 R&D 整体绩效。Schainflatt(1982)也在报告中指出,在他所调查的 34 家行业领军企业中,只有 7 家采用了 R&D 人员绩效指标对相关人员进行制度性的考核,所占比例略大于 20%,而剩余的企业则完全没对 R&D 人员进行实质性的绩效考核。这种状况充分反映了

R&D人员绩效管理的第一种模式特征。由于这种模式特征在欧洲国家特别是德国表现得尤为突出,故该模式被称为"德国模式"。

德国模式的最大特点是不主张对R&D人员进行严格的工作结果度量,同时注重以输入为导向对R&D活动进行绩效控制。德国模式更偏好于通过提供高质量的R&D投入来确保R&D绩效,如雇佣最优秀的科学家,给R&D人员提供尽可能优越的实验环境等。在德国模式下,企业更倾向于记录、监控整体R&D活动的投入指标而不是产出指标,如每人每年的R&D支出、R&D年度投资、员工中科学家的绝对数量和相对比例等。这种模式是一种不以商业化目标为导向、不注重结果测度、强调以充足稳定的投入来确保企业发展的R&D人员绩效管理模式。该模式的最大问题是缺少对R&D活动产出的要求。

2.5.2.2 美国模式

20世纪60年代以后,R&D活动的研究目标越来越清晰并与市场需求结合得日渐紧密,放任式管理显然不能确保目标的实现,于是一种新的绩效考核制度出现了。Werner和Souder(1997)通过调查发现,接受调查的美国企业非常注重R&D人员的工作结果并对工作结果进行考核。公司制度化地累计每位科学家的专利、发明、出版物等,并程序性地用这些统计数据作为测量R&D人员绩效的依据。企业不论规模大小,都愿意耗费大量精力来评价某一R&D项目所耗费的时间、成本以及最终绩效。正如Szakonyi(2010)所言,此时一切对R&D工作有效性的测度实质上已变成对R&D产出的测度。这种状况充分反映了R&D人员绩效管理的第二种模式特征,即注重结果考核。由于这种模式特征在美国表现得尤为突出,故该模式被称为"美国模式"。

美国模式的最大特点是坚持以产出为导向,尤其注重测度R&D人员创造了多少可观察、可测度、可量化的工作结果,货币作为最容易绝对量化的指标,也被美国模式所青睐。该模式在实践中应用广泛且效果突出，但也存在一些问题，如为了便于产出结果计数，勉强制订出没有实际价值、偏离工作本质的考核指标，一些R&D人员为了达到考核标准，艰难地做了大量无用的工作，甚至不惜弄虚作假。

2.5.2.3 复合型考核模式

鉴于德国模式和美国模式均存在一些不足之处，学者们提出了复合型考核模式，这种考核模式呈现出以下主要特征。一是考核指标多元化，考核指标更为丰富。如"R&D有效性"指标在实践中运用广泛，作为一个综合指标，它的概念内涵不仅包括结果量化这一绩效考核的必然要求（如技术向生产环节的有效转移、合适的财务指标等），也有对研究者行为和特质的考核内容（如团队协作精神、R&D工作的计划性、是否能确定市场需求等）（McGrath and Romeri, 1994; Szakonyi, 2010）。二是差异化考核目的下的不同考核方式。Wilson等（2016）建议对R&D人员绩效考核采用双轨评审制：按照考评目的将R&D人员考核分为管理绩效评价和专业发展评价。前者服务于传统管理，如晋升、奖励等，由职能部门的管理者执行；后者则为了满足R&D人员的专业发展，更适合由该研究人员的业务导师来执行。由此可见，考核目的不同时，评价者和考核内容也有所差别。Nayak（1987）认为如果绩效考核是为了提升R&D人员的工作能力，则应该采用"过程中考核＋内部考核"的组合方式，这样更有利于及时纠正工作方法中的错误；如果考核是为了衡量工作成绩和贡献，则应该采用"过程后考核＋外部考核"的组合方式，这样可以较好地避免人情因素。三是考核方法多样化。学者们认为应根据R&D活动的类型选择不同的考核方法，如Brown（1998）认为R&D评价体系应该将研究和发展区分开来，因为后者的工作成果更容易参与市场交换。Werner和Souder（1997）提出了著名的R&D绩效考核三分法，即随着R&D活动从基础研究到应用研究再到生产过程的演化，R&D人员绩效考核方法相应地应该经历"定性→主观标准、定量→客观标准、定量"的变迁，类似观点在国内外学者的研究中还有很多。

总体而言,R&D 人员绩效考核的德国模式和美国模式均有不足之处,复合型考核模式主张基于 R&D 活动的类型和差异化的考核目的来选择相应的考核方案,对于 R&D 人员绩效考核的研究更精细,更有助于指导 R&D 人员绩效考核实践。

2.5.3　R&D 人员的考核方法

研究者依据考核指标的客观性和考核标准的精确程度,将 R&D 人员的考核方法分为 3 类(王宗军等,2008)。

第一类是定量评价法。定量评价法使用客观的、可量化的评价指标来测评 R&D 人员的绩效。主要用于评价直接工作成果和财务收益方面可以量化的 R&D 产出,常常以专利、出版物数量,专利转化收入,出版物被引用次数等作为测评指标。定量评价方法还包括收益现值法、投资回报率方法和期权方法等(Rubenstein and Geisler,1991;Werner and Souder,1997;Szakonyi,2010)。定量评价方法的优点在于一旦评价标准确定,只要有相关数据,评价的工作量较小;同时,评价结果不易被人为操控,形式上比较公平。定量评价方法不足之处主要是有些 R&D 活动难以找到合适的量化考核指标,有时候为了量化评价而制订的考核指标脱离了 R&D 工作的实际,导致 R&D 人员辛辛苦苦完成了考核指标,实际上却对组织没有意义。

第二类是定性考核法。与定量评价不同,定性评价往往没有客观标准,主要依靠专家的主观判断,它的评价结果往往是非量化的,即便是量化的,也是一种基于主观理解和认识的考评结果。目前经常使用的定性主观评价方法是同行评议法,该方法被定义为由从事该领域或熟悉该领域工作的专家来评定工作质量或者个体能力的机制,在 R&D 课题立项评审、科研成果鉴定、科研奖项评选、R&D 人才头衔认定等方面应用十分广泛(陈光等,2021)。同行评议法的优点在于对于缺少量化标准的 R&D 活动或者产出,如果同行从公正的角度出发,基本能形成一致的评价意见。同行评议法不足之处是在科技分工日益精细的时代,真正的同行可能并不多;此外,同行如果有偏私,评价的公正性容易受到影响。

第三类是综合评价法。该类方法主张对 R&D 人员的绩效采用定量与定性评价相结合,主观与客观评价相结合,有形产出与无形投入相结合,财务与非财务评价相结合等的方法。最常见的评价方法是结果考核法、行为考核法和能力评价法的混合运用,目标管理法和同行评议法的双结合评价,以及基于平衡记分卡的多指标综合考核法(许庆瑞和郑刚,2001;Bremser and Barsky,2004)。在结果考核法、行为考核法、能力评价法的混合运用中,结果考核是量化评价,而行为考核和能力评价往往是主观评价。在目标管理法和同行评议法的双结合评价中,目标管理法量化评价,而同行评议是主观评价。在基于平衡记分卡的多指标综合考核法中,财务指标和客户指标多为可量化的客观指标,而流程类指标和学习成长指标多为主观评价指标。综合评价法有助于弥补单一的定量评价法或定性考核法的不足,在某种程度上能更全面地衡量 R&D 人员的绩效。

学术界虽然对 R&D 人员的绩效考核方法已经开展了不少研究,积累了一些有益的研究成果,他们对这些考核方法优缺点的认识在某种意义上是客观的,但由于 R&D 活动和 R&D 人员类型的差异,这些方法所谓的优缺点具体到某一类 R&D 活动和 R&D 人员时并不总是存在。换言之,对 R&D 活动和 R&D 人员进行分类,在此基础上探讨某些考核方法的不足和某些考核方法的适用性,将为如何选择 R&D 人员考核方法提供更清晰的答案。

2.6 本章小结

本章从知识员工的定义、涵盖对象和分类,绩效的内涵和结构,知识员工的绩效考核,R&D 人员的绩效考核等方面,对已有文献进行了评述。

概括而言,知识员工这一概念有4类较为典型的定义,分别侧重工作内容、工作方式、工作性质和员工特征。笔者认为,对于知识员工的定义应该主要从工作内容和工作性质两个方面综合考虑,知识员工是指那些拥有较多知识积累,利用知识和经验对信息进行加工处理使信息增值,并以此为职业的人,他们所从事的工作知识技能更新速度快、创新性要求高。尽管"知识员工"一词由管理大师Drucker Peter发明以后被广为沿用,但其涵盖的对象范围却较为模糊,一种观点认为知识员工泛指大多数的白领和职业工作者,另一种观点则将知识员工界定为研发人员和高层管理人员,范围较为狭窄,这两种观点的不足在于都没有明确知识员工的具体研究口径。笔者借鉴职业分类视角判别知识员工的研究成果,明确了属于知识员工的职业。分类是认识事物的重要方法,对知识员工的分类有多种视角。笔者受知识工作内容分类、知识工作性质分类的启发,提出了一种新的分类方法,即从工作的非程序化程度和工作所需知识的"硬度"将知识员工分为4类,这种分类为各种知识性工作在知识员工图谱中的坐标方位提供了标度。

绩效一般可以从组织、团队、个体3个层面定义,对个体绩效,有从工作结果、工作行为和个人特征角度的不同理解。通常认为,将绩效定义为工作行为或者工作结果的观点都有偏颇之处,绩效是工作行为和工作结果的综合体的观点更容易让人接受。当工作具有某些特点时,绩效强调工作行为和工作结果的一个方面是成立的;绩效综合体定义中的"和"字也并非都是"与"的含义,还包括在一定条件下的"或"的含义。关于绩效的结构,人们经历了从单维到多维渐进的认识过程,其中较有代表性的有三维绩效模型、二维绩效模型、八维绩效模型,以及四维绩效模型。笔者认为,Borman和Motowidlo的二维绩效模型运用更为广泛,原因在于该模型两个维度可以较为清晰地区分开,还在于该模型具有良好的包容性和普适性。关系绩效考评是必要的,但基于多方面的考虑,它不是本书的研究重点,本书的研究重点在于任务绩效的考评。

对知识员工的绩效特征进行集中研究的文献非常少，一般只是偶尔提及，缺乏深入分析和系统地总结。关于知识员工绩效行为特征的讨论主要体现在3个方面，即绩效行为是否不可视、绩效行为是否多样化、绩效行为是否具有非结构性。关于知识员工绩效结果特征的探讨主要体现在两个方面，即能否量化、取得工作结果是否具有不确定性。这些关于知识员工绩效特征的研究成果有两方面特征，一方面，知识员工的绩效特征显得比较零散，不够集中，直接而深入的讨论并不多见；另一方面，学者们的看法也存在不少分歧。笔者认为，如果把宽泛定义下的知识员工作为一个不言自明的总体，其绩效特征几乎没有，即使有（如从事脑力劳动），对于管理实践的指导也几乎没有太大的意义；但如果对知识员工进行分类，各类知识员工的绩效特征是比较明显的。

　　已有研究探讨的知识员工绩效考核方法可以分为3类。在以应用性研究为主的文献中，往往对"为什么使用这种考核方法"阐述得不够透彻，而在以理论研究为主的文献中，所提及的考核方法的优缺点又没有针对具体类别的知识员工进行讨论，导致其在指导如何选择知识员工的考核方法时有明显的局限性。

　　从工作内容、工作方法、工作结果和工作时间4个方面综合考虑定义 R&D 人员较为合理。R&D 人员的4种分类方法各有用途，其中以 R&D 活动类型为视角的分类有助于认识不同类型 R&D 人员的绩效特征。长期以来，对 R&D 人员是否有必要进行绩效考核存在争论，该争论的深层次原因与其说是能不能对 R&D 人员进行考核，不如说是对 R&D 人员绩效考核还缺乏有效的办法。从 R&D 人员绩效考核发展阶段看，出现了德国模式、美国模式和复合型考核模式，总体而言，复合型考核模式更符合 R&D 人员的工作实际。已有研究把 R&D 人员的绩效考核方法分为3种类型，并指出了各种类型的优势和不足，但这些考核方法如何与 R&D 人员类型进行匹配，从而增加 R&D 人员绩效考核的有效性还有待进一步探讨。

3 知识员工绩效特征实证研究

本章将首先介绍绩效特征的研究思路,接着开发绩效特征测度量表,然后对不同类别知识员工的绩效特征进行识别,并重点分析 R&D 人员的绩效特征。

3.1 绩效特征的概念界定及标识

3.1.1 绩效特征的内涵

特征是指一事物区别于他事物的特别显著的征象、标志(辞海编辑委员会,1979)。绩效特征就是绩效在某些属性上的特点。某类工作人员的绩效特征就是该类人员的绩效在某些属性上的特点。

对于以体力劳动为主的工作而言,其工作状态的可视性高、劳动成果容易量化、工作成效即时显现、个人劳动成果容易分割,因此,其绩效特征较为单一明确。但对于知识员工而言,尽管这一群体都从事脑力劳动,工作内容主要是对信息进行处理,但不同类别知识员工的绩效特征在某些属性上是有显著差异的。例如,一位哲学研究人员,其工作成果往往是学术论文或者著作,其价值往往不能通过市场价格反映出来,对其评价主要是看其学术影响力,由于论文和著作的专业性,其评价方法常常采用同行评议或者替代性同行评议(发表期刊的级别或者出版社的知名度)。与此对应,一位广告策划人员,其工作成果往往是一份策划方案,由于可以直接在市场上进行应用,其价值能够通过市场价格反映出来,对其评价往往是用经济指标,评价人也无需是同行。这两种知识员工的工作成果在某些绩效属性上的特点有明显的差异(如上述中的可量化性、专业性),其绩效特征也是不同的。实际上,类似的绩效属性差异在各类知识员工中较为普遍,即不同类别知识员工的绩效在一些属性上具有不同的特点,具有各自的绩效特征。

在绩效考核工作中,考核方法的设计和选择是绩效评价的难点(方振邦和杨畅,2022),当考核方法与工作特点或者绩效特征相匹配时,绩效考核将更加有效(Schneider,1987;Baird and Beatty,1990;李红玲,2009)。因此,研究知识员工的绩效特征,并在此基础上研究匹配的考核方法具有重要意义。

3.1.2 绩效特征的标识和绩效属性变量的测量值

从前人对知识员工绩效特征的论述以及笔者的总结来看,各类知识员工的绩效特征是客观存在的,具体表现在他们的绩效属性有各自的特点,如前文表2-8中的"弱性"和"显性",这些"弱性"和"显性"的识别需要测度其绩效属性值。研究知识员工的绩效特征,一种路径是先对知识员工进行分类,之后对各类别知识员工分别进行单独研究;另一种路径则是找出反映绩效特征的绩效属性变量,根据变量值的不同来划分绩效特征。相对而言,后一种研究路径的抽象程度更高,是一种框架性质的研究,本书正是遵循这一研究路径。

3.2 绩效特征实证研究的总体构思

研究知识员工绩效特征,对于选择和设计有针对性的考评方法、提高绩效考评效果具有重要的意义(Baird and Beatty,1990)。文献回顾表明,以往有关知识员工绩效特征方面的研究均不系统,知识员工绩效表现的多样性,决定了各类知识员工的绩效特征存在明显差异,这些差异表现为绩效在某些属性上的不同。因此,要识别不同知识员工的绩效特征,有必要开发测量绩效属性的工具。本部分拟运用探索性研究方法,首先开发一套绩效属性量表;然后通过量表对知识员工的调查值进行区间划分,给出绩效特征的判定标准,从而为绩效特征的识别提供一种以定量为主的较为客观的测量方法;在此基础上对各类知识员工的绩效特征进行描述性分析。

根据上述目的和分析,本部分实证研究的总体构思框架见图 3-1。

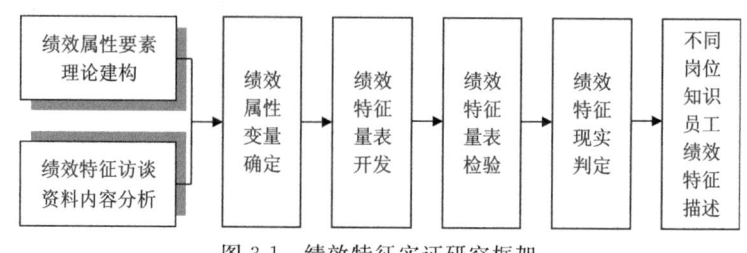

图 3-1 绩效特征实证研究框架

3.3 绩效属性变量的确定

通过文献研究和对访谈资料的内容分析,提炼反映知识员工绩效特征的绩效属性要素,为知识员工绩效特征的识别确立测量维度。

3.3.1 绩效属性要素的理论建构

3.3.1.1 绩效特征文献的归纳

第 2 章的文献回顾表明,关于知识员工绩效特征的研究是比较零散的,缺少集中、直接而深入地探讨,从学者们所持的观点可以看出,各类知识员工的绩效特征表现为绩效在某些属性上的差异。笔者认为,对这些绩效特征所涉及的讨论焦点进行分析,学者们在探讨绩效特征时所涉及的绩效属性可以归纳为以下两点。

1. 绩效行为是否不可评价

这一属性包括学者们所论及的绩效行为是否不可视,绩效行为是否具有多样性,绩效行为是否具有非结构性等方面。行为成为可评价的绩效要素,必须满足观察可行和观察成本可承受两个条件。

绩效行为的不可视性,是指一些知识员工的大部分工作在大脑里进行而没有具体体现在肢体的操作层面上,劳动过程的无形性使得评价者对其工作行为进行观察记录变得非常困难,甚至是不可行的(Brisley,1983;李树丞和乐国玲,2004)。

绩效行为的多样性,是指部分知识员工的工作任务一旦确定,完成工作任务的方式多种多样。在很多情况下很难说某种工作方式是最好的,这就使得行为评价面临着两难选择。如果评价内容涵盖所有的工作方式将带来巨大的评价成本;如果在为数众多的有效的工作方式中获取有限的代表性样本行为,又容易有失偏颇(Harris and Vining,1987)。

绩效行为的非结构性,是指一些知识员工在工作中经常会碰到新问题,工作思路或工作方案常常需要进行调整,按部就班很难完成工作任务。这就使得评价者难以按照事前的行为样本鉴别哪些是有效的工作行为,哪些是无效的工作行为。由于知识员工往往在自己的工作领域比别人知道得更多,外人在对其工作行为有效性的辨别上存在较大难度。Raith(2004)在探讨专业知识和绩效评价问题时认为,当评价者对被评价者的工作行为如何转化成工作结果不了解时,评价工作行为是不合适的。

综合上述分析,绩效行为的不可视性、绩效行为的多样性,以及绩效行为的非结构性都会导致工作行为难以评价,从这个角度而言,它们所反映的绩效属性在本质上是一致的。与此相对应,那些对知识员工的绩效行为特征持相反的观点,如绩效行为可观察、存在最优工作方式,以及工作程序化所反映的绩效属性在本质上也是相同的,只是表明工作行为的可评价性较高。

2. 绩效结果是否不具体

这一属性包括学者们所论及的绩效结果是否能够量化,是否具有风险。工作结果作为绩效评价的内容必须具有客观表现形式,能区分出差异,具有可控性等特点。

绩效结果不易量化,是指有些服务型的知识工作,往往难以找到反映其工作结果的指标;部分知识员工的工作成果能够体现为经济价值,但有相当大部分知识员工的工作成果往往只产生社会效益,这两种不同形态的价值没有明确的等价关系。即使都是只具有社会价值的知识成果，由于社会价值无法计量，根据这种工作产出来衡量员工的工作绩效就存在较大的争议，在此情况下，组织对员工工作成果的数量和质量要求也就难以具体明确。

绩效结果取得的风险性，既包括外部环境的不确定性，又包括技术或者方案的不成熟性。外部环境的不确定性使得员工难以自主控制工作的完成情况。工作成果是个人劳动和外部因素共同作用的结果，不能较为准确地反映员工在工作中所付出的努力。技术或者方案的不成熟性意味着工作往往带有明显的尝试性质，既然是尝试，预期工作目标能否达到就存在两种可能。外部环境的不确定性、技术或者方案的不成熟性使得组织难以制订明确具体的工作目标。

综上分析，绩效结果不易量化以及绩效结果取得的风险性，都会导致绩效结果难以明确具体，从这个角度而言，它们在本质上所反映的是一个绩效属性。与此相对应，那些知识员工的绩效结果可以量化、工作结果取得的不确定性程度小的观点，则表明绩效结果是较为明确具体的，用工作结果来衡量员工的绩效是适当的。

综上分析，已有文献的研究尽管比较零散，但所指出的绩效特征主要集中在两个绩效属性上，其对应关系见图3-2。

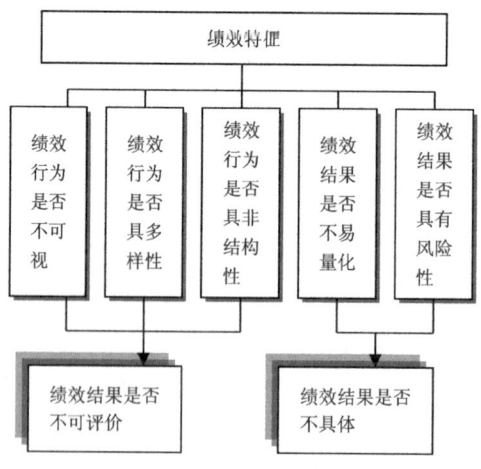

图 3-2　绩效特征聚焦的两个绩效属性

3.3.1.2 考核方法设计时考虑的绩效属性

最常见的考核方法是从考核内容的角度进行分类,而考核内容主要是在工作行为和工作结果两个方面进行权衡,只有当工作行为和工作结果都不适宜作为考核内容时,才不得已从工作能力方面进行主观评价。

学者们普遍认为,考评内容是工作行为时,必须符合以下条件:第一,工作行为可以被观察和记录;第二,工作完成方式对于工作目标的实现非常重要;第三,工作目标完成途径比较单一,存在最优工作方式;第四,工作行为和工作结果之间具有稳定的线性关系,即采取了一种工作行为,必然产生相应的工作结果(Lee,1985;张德,2001;张一弛,2002)。这些应满足的条件反映出,能否把工作行为当作绩效评价内容,主要在于工作行为是否具有可评价性。

考评内容能否是工作结果,从工作本身的角度而言,主要考虑以下因素:第一,工作结果能否在数量和质量上予以辨别;第二,工作结果是否主要取决于个人的努力和能力,而不是不可抗力等因素;第三,工作结果的信息是否能够被收集到。从这些因素可以看出,工作结果能否作为绩效评价的内容,取决于它是否具体明确。

综合上述分析,绩效考评方法设计中 4 要素所涉及的绩效属性如图 3-3 所示。

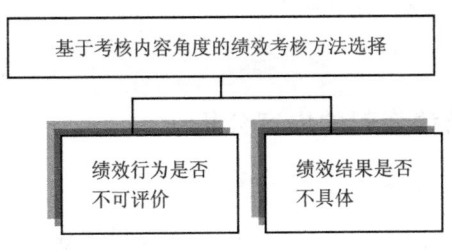

图 3-3 绩效考评方法设计涉及的绩效属性

3.3.1.3 绩效属性要素的理论总结

基于上述对绩效特征文献的归纳和在选择绩效考评方法时对绩效属性的考虑,本书认为,反映绩效特征的绩效属性要素为两个,见图3-4。这两个绩效属性要素分别是绩效行为是否可评价和绩效结果是否具体,其基本含义如下。

绩效行为是否可评价,是指工作行为能否被观察到,是否存在完成工作目标的最优工作方式,工作行为和工作结果之间是否存在显性关系。

绩效结果是否具体,是指工作结果能否在数量和质量上予以辨别,工作结果是否主要取决于个人的努力和能力,而不是不可抗力等不确定性因素。

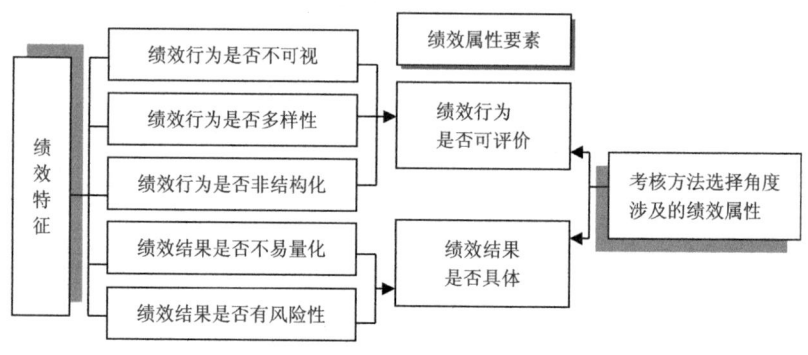

图3-4 绩效属性要素理论建构

3.3.2 访谈资料的内容分析

3.3.2.1 内容分析的目的

上文通过理论分析总结了反映绩效特征的绩效属性要素,那么在实际工作中,知识员工认为他们的工作业绩具有什么样的特征呢?这些对绩效特征的看法能够被理论总结的绩效属性要素涵盖吗?理论总结的绩效属性要素能够把现实中知识员工对绩效特征的看法独立归类吗？即理论构建的绩效属性要素是否具有效度和信度呢？笔者将通过对知识员工绩效特征访谈资料的内容进行分析来回答这些问题。

3.3.2.2 访谈提纲设计

本访谈主要采用现场半结构化深度访谈的方法，结合成文资料收集等方式，获取第一手材料。访谈法与其他方法相比具有较多优点，它有利于建立主客双方融洽的关系，使访谈对象坦率直言，因此有利于捕捉和了解新的或深一层次的信息（王重鸣，2001）。通过访谈来获取绩效特征，主要基于以下两个基本假设。

假设一：基于无意识认知理论的绩效特征内隐观假设。无意识认知理论认为人们在日常学习、工作和生活中，除了有意识、有目的、策略性地获取和处理一些信息，形成规则性知识外，还会无意识、直觉式地感知所处的物质世界和社会情境，从而形成个体对自己和周围事物的诠释（杨治良等，2003）。该理论对于本研究的启发是在特定的岗位情境中，个体会自然形成对其工作绩效要素及其表征的看法，即形成各自的绩效内隐观（陈学军和王重鸣，2003）。通过绩效特征内隐观的调查，可以找到绩效特征模型的根源性依据。

假设二：基于权变理论的绩效特征与考评方法匹配性假设。权变理论认为没有放之四海而皆准的管理方法，管理方法的有效性取决于它与管理情境是否匹配，并且这种匹配规律是客观存在的。管理情境、管理方法和匹配规律就形成了权变管理结构中的自变量、因变量和函数关系（陈寒松和张文玺，2010）。具体到绩效考评而言，绩效特征是自变量，考评方法是因变量，绩效特征与考评方法的权变关系就是因果函数。岗位绩效特征与绩效考评方法的选择存在稳定的匹配规律（张光进和张士菊，2014）。换言之，某些岗位之所以选择不同于其他岗位的考评指标和考评方法，是因为这些岗位的绩效体现出和其他岗位不同的特点。

假设一对本研究的启示是绩效特征可以通过访谈执岗人对绩效

特点的看法直接获得。假设二告诉我们,绩效特征也可以通过探究访谈执岗人关于绩效考评方法合适与否的原因间接得到。从本研究的访谈过程来看,后一种设想更容易展开。

由于直接让访谈对象谈其绩效特征是比较困难的,因此,本研究优先采用第二种访谈模式,在访谈过程中,首先请访谈对象提供组织或单位对他们所采用的考评方法、考评效果,以及效果好与不好的原因;然后,将访谈的结果完整记录下来,并且将访谈内容整理成访谈案例(每一个访谈对象整理为一个案例)。本访谈为了捕捉知识员工对绩效特征的看法,设计了以下访谈问题。

(1)请您介绍一下您的工作岗位,主要工作职责是什么?贵单位对您有没有正式的绩效考核,感觉效果怎么样?

(2)请您介绍一下贵单位是怎么对您进行考核的,如主要考核什么?有哪些主要的考核指标?从工作本身的角度而言,这样进行绩效考核合适吗?为什么?

(3)从工作本身的角度而言,您认为贵单位应该怎样对您进行考核,主要考核什么?可以采用哪些主要的考核指标?为什么要这样考核?

第一个问题主要了解访谈对象是否是知识员工,以及绩效考核的普遍性和总体效果。

第二个问题和第三个问题是针对绩效考评的实施情况进行的选择性提问(如果有绩效考评,问第二个问题;否则问第三个问题)。

一般一个人的访谈时间在 40min 左右。从工作本身的角度出发,通过围绕绩效考评效果好与不好及其原因进行深度访谈,获取第一手的相关资料。

3.3.2.3 访谈对象

本次访谈对象所从事的工作都属于知识性工作,采取主观定额抽样的方法,对在武汉、上海、苏州、厦门、荆州、十堰等地工作的 34 位知识员工进行了访谈。访谈对象所涉及的组织或单位类型包括高等学校、科研院所、医院、中介机构、咨询公司、中小学、国有企业、民营企业、三资企业、文化传媒公司等,访谈样本具体情况见附录1。

3.3.2.4 访谈资料分析过程

内容分析技术是一种基于定量分析的定性研究方法(马文峰,2000)。根据Weber的界定,内容分析是运用一套程序对信息进行分类以得出有效推论,这一界定强调了内容分析的定性研究本质和整个分析过程的程序性。目前,内容分析方法根据不同的标准有不同的分类。根据分析的手段及过程特征,可以将内容分析技术分为三大类:一为解读式内容分析法,源于人类学研究,指通过精读、理解并解释文本内容,从整体和更高层次上把握文本内容的复杂背景和思想结构,从而发掘文本内容的真正含义。二为实证式内容分析法,包括定量内容分析法和定性内容分析法,定量内容分析法指将文本内容划分为特定类目,计算每类内容元素出现频率,描述明显的内容特征;定性内容分析法则指对文本中各概念要素之间的联系及组织结构进行描述和推理性分析。三为计算机辅助内容分析法,指借助计算机,运用内容分析软件(如NVivo等)进行内容分析的方法(邱均平和邹菲,2003)。内容分析技术最早萌芽于新闻界,早期主要用于传播学和政治学研究领域。在管理研究中,主要将内容分析方法用于从管理者的情境信息中推出有效结论的领域。20世纪70年代后期,内容分析技术逐渐用于组织研究和战略管理研究,到目前为止,内容分析技术已用于管理研究的各个领域,是一种研究管理问题的有效方法。

本研究根据研究目的,采用定量的语义内容分析方法,以预先建立的绩效属性要素类别为依据,以相对完整的句子为最小分析单元,对访谈整理的34个案例材料进行分析,要求编码者判断每个分析单元属于哪种绩效属性要素,做出绩效属性要素的归类。34个案例中总共包括28个具有独立意义的分析单元,见附录2。例如,下面的内容就是一次访谈后整理的案例资料,包括8个分析单元。

刘总是武汉某公司的总经理,该公司是有限责任制,经营电子网络产品已有12年的历史,年销售收入5000万元以上,共有员工30多人。公司每年对刘总有一次绩效考核,考核结果与刘总的收入密切挂钩。刘总在访谈中坦言,总体来说,公司对其制订的绩效考核办法还比较合适。

从公司对刘总的绩效考核文件中可以看到,目前公司对刘总实行<u>年度考核,考核指标主要是财务指标,年初会明确要达到的经营目标(业绩标准)</u>(1)。刘总认为这些考核内容和标准对他而言是基本合适的,原因在于,他的<u>主要工作目标比较具体</u>(2),就是保证完成年度营业收入和利润,这些<u>工作结果是可以量化的</u>(3)。尽管市场环境变化很快,但这个市场是充分竞争的,做他们这一行的面临同一个外部环境,<u>外部因素对他的业绩有影响,但由于对他们这一行每个人的影响是一样的,相对而言又相当于没有影响</u>(4)。

当问及考核工作行为是否也可以时,刘总认为对他而言是不合适的,原因在于,<u>他完成工作任务没有一个按部就班的模式</u>(5)。像他这一个职位,即使<u>面对同一个问题,解决途径也是多种多样的</u>(6),<u>单位没有对他的工作方式做出明确规定,也不可能做出明确规定</u>(7)。另外,他在很多时候都是和外界打交道,<u>组织成员也不知道总经理的工作任务是怎么完成的,只知道结果如何</u>(8)。

对刘总的绩效考核是由董事会进行,这些由出资人担任的董事大多都不是专家,他们只需将在年底把实际完成情况和年初制定的<u>目标</u>(1)进行对照即可完成对刘总的考核。

对34个访谈案例资料以句子为分析单元,全面捕捉绩效特征信息,并加以详细编码。这一工作由3位人力资源管理研究方向的博士生完成。他们先分别对这些案例资料的分析单元独立编码,之后在相互比较的基础上,经过讨论对每个案例资料包含的分析单元形成一致意见。在讨论过程中,3位编码人员要达成两个共识,其一、确保每个分析单元是反映绩效特征的;其二、不遗漏反映绩效特征的分析单元。

在对 34 个访谈案例资料完成编码工作的基础上,笔者将 34 个案例资料中的分析单元全部摘录出来,之后由 3 位人力资源管理研究方向的博士生对这些分析单元的独立性进行确认,确认遵循两条基本原则,第一,"形式调整",即在尽量不违背访谈对象意思的前提下对表达不精练的分析单元进行调整;第二,合并"同类项",即对某一个分析单元,如果两人及以上者认为它和已经罗列的分析单元在本质意义上是相同的(正向表达和逆向表达视为同一本质),则予以合并或者只取其一。通过分析单元的确认,34 个访谈案例资料共包含 28 个独立的分析单元。

针对访谈案例资料所包含的 28 个独立的分析单元,以预先建立的绩效属性要素类别为依据,要求编码者做出分析单元的绩效属性归类。以往运用内容分析技术的研究多采用大于或等于 2 人的编码方案(Kolbe D,et al.,1984)。本研究采用了现在较常用的 3 人编码方案,由 2 名专业人士和一名有多年工作经验的人力资源经理进行编码。在编码前,对编码人员进行了简单培训,并进行了预编码。通过预编码,发现有 2 个分析单元不能进入预先建立的绩效属性要素类别(两位或两位以上的编码者认为某个分析单元不能进入任何绩效属性要素的类别),因此,将这 2 个分析单元去掉,对剩下的 26 个分析单元进行正式编码。

3.3.2.5 访谈资料内容分析结果

1. 编码的信度检验

根据 Perreault 和 Leigh(1989)以及李本乾(2000)等的观点,内容分析的信度一般可以通过计算编码者一致性程度得出,并且内容分析中的编码一致性程度在 0.80 以上为可接受水平,在 0.90 以上为较好水平(Insch,et al.,1997;Bos and Tarnai,1999)。本书借鉴丁岳枫(2006)的做法,即运用数学中的集合原理,用 3 个编码者在各个类别上编码结果的"交集"分别除以各个类别上编码结果的"并集"来表示编码的一致性程度。若用 $T1$ 表示编码者 A 的编码个数,$T2$ 表示编码者 B 的编码个数，T3 表示编码者 C 的编码个数，$T1 \cap T2 \cap T3$ 表示 3 个编码者编码归类相同的个数（交集），$T1 \cup T2 \cup T3$ 表示 3 个编码者各自编码个数的并集，则编码的一致性程度（category agreement，简称 CA）的计算公式为

$$CA = \frac{T1 \cap T2 \cap T3}{T1 \cup T2 \cup T3}$$

通过计算，得出的结果如表 3-1 所示。

表 3-1　绩效属性要素编码的一致性程度

绩效属性要素	编码的一致性程度
绩效行为是否可评价	0.92
绩效结果是否具体	0.83

2. 编码的效度检验

内容效度的评定主要通过经验判断进行，一般是请一些熟悉该测量内容的人员来评判，以确定测量项目与需测量内容范畴之间关系的密切程度。内容效度评定的一个常用指标是"内容效度化"（content validity ratio，简称 CVR），它的计算公式为

$$CVR = \frac{NE - N/2}{N/2}$$

式中：NE 为评判中认为某项目很好地表示了测量内容范畴的评判者人数；N 为评判者的总人数。

这个公式表明，当认为项目内容适当的评判者不到半数时，CVR 值为负；如果所有人认为内容不当时，CVR＝－1.00；当认为项目合适与不合适的人数对半时，CVR 值为零；而当所有评判者认为项目内容很好时，CVR＝1.00（张一弛，2002）。为了检验本研究中各分析单元在多大程度上反映了绩效属性要素，分别计算了 3 位编码者对 26 个分析单元编码结果的 CVR 值。结果显示，有 23 个分析单元的 CVR＝1.00，3 个分析单元的 CVR＝0.33。由此可见，本研究的编码结果具有可接受的内容效度。

3.3.3 绩效属性变量的确定及需要进一步研究的问题

通过对绩效特征文献的归纳,结合绩效考评方法设计要考虑的绩效属性分析,从理论上确定了反映绩效特征的两个绩效属性要素。进一步对访谈资料的内容进行分析,在一定程度上验证了绩效属性要素理论建构的有效性,但对其内部的潜在结构以及区分效度问题需要在更大的样本中进行检验。根据本书的定义,绩效特征是绩效在某些属性上的特点,而对其辨识则需要在操作层面上对绩效属性进行测量,对这种测量工具的研究在本书中就是绩效特征量表的开发。为了表述的简洁性,这些绩效特征量表的名称在后文中均采用肯定式表述,而测量得分高意味着具有"显性"特征,得分低则意味着具有"弱性"特征。

3.4 绩效特征量表的开发

笔者在绩效属性要素理论构建和访谈资料分析得到典型描述的基础上,编制了绩效特征测量初步量表,运用统计分析的方法对量表中的项目进行了细致的筛选,并对量表的信度和效度进行了检验。

3.4.1 绩效特征量表初始项目的形成

Hinkin(1995)认为量表开发所需的项目可以从两个方面获取,分别是具有相应工作经历的个人和相关文献。为了设计一份较为科学的问卷以尽可能地实现变量测量并保证研究结果的信度和效度,在问卷初始项目的设计环节,主要采用了以下3个步骤。

(1) 与知识员工进行访谈。在量表设计前,与12家组织的34位知识员工进行了深入访谈,了解他们对自己工作业绩特点的看法。通过访谈,获得了大量的关于绩效特征的典型描述(分析单元)。

(2) 文献演绎。以演绎思维的方式根据理论分析得到反映绩效特征的两个绩效属性要素,即绩效行为是否可评价和工作结果是否具体,作为绩效特征分量表划分的初步依据。

(3)编制初始问卷。对上述访谈资料的内容分析结果和文献演绎的项目进行归类和汇总,形成初始的绩效特征调查问卷,见附录3。初始问卷为两个分量表,分别测量绩效行为是否可评价和工作结果是否具体两个绩效属性。

3.4.2 绩效特征量表项目的筛选

为了确认初始绩效特征量表项目是否合适,本书通过预测试研究对其进行了较为细致的筛选,在筛选过程中主要运用了PH(proportional hazards)值法、标准差法、项目总体相关法和探索性因子分析法,统计工具主要是SPSS13.0。考虑到调查对象的代表性,预测试时运用定额抽样法选取了武汉、深圳、苏州、洛阳、长沙、十堰等地的10余家组织或单位,除了武汉和苏州两地的问卷由笔者本人到现场发放之外,其余地区都是委托他人发放(发放问卷数目不详),回收有效问卷300份。本次绩效特征调查几乎不涉及与个人利益相关的敏感信息,因而社会称许性问题在本研究中并不突出。预试样本的基本信息如表3-2所示。

(1)PH值法筛选。根据测量分值按照从低到高的顺序排序,区分出低分组和高分组,分值居前27%者为低分组,后27%者为高分组。将高低两组的被试得分进行显著性检验,结果见表3-3。结果表明,调查问卷的26个项目鉴别力均为良好。

(2)标准差法筛选。标准差的大小反映了被试得分分布的范围,项目的标准差大,说明被试在该项目上的得分分布比较广泛,该项目能够鉴别个体反应的差异;反之,说明被试在该项目上的得分分布在较小的范围内,该项目对个体的反应差异鉴别力较低(骆静,2007)。在此理论基础上,剔除标准差低于0.50的项目,经检验,问卷各项目的标准差均大于0.50,结果见表3-3,说明问卷各项目的鉴别力较好。

表 3-2 预试样本基本信息

项目	类别	频数	占比/%	项目	类别	频数	占比/%
岗位	高层管理	19	6.3	性别	男	230	77.7
	中层管理	28	9.3		女	66	22.3
	基层管理	15	5.0	年龄(岁)	<30	102	34.5
	普通管理	17	5.7		≥30但<45	173	58.4
	理论研究	11	3.7		≥45	21	7.1
	技术开发	17	5.7	工作年限	<3	99	33.4
	工程技术	14	4.7		≥3但<10	116	39.2
	大学教师	22	7.3		≥10	81	27.4
	医生	13	4.3	组织或单位类型	事业单位	85	28.3
	律师	16	5.3		科研院所	14	4.7
	传媒策划	21	7.0		团体协会	9	3.0
	中小学教师	18	6.0		国有企业	62	20.7
	财务核算	9	3.0		民营企业	91	30.3
	专业咨询	17	5.7		三资企业	33	11.0
	编审	17	5.7		其他	6	2.0
	培训专员	9	3.0	组织规模(人)	<100	95	32.1
	市场营销	19	6.3		≥100但<500	124	41.9
	文艺创作	13	4.3		≥500但<2000	61	20.6
	其他	5	1.7		≥2000	16	5.4
受教育程度	大专	47	15.9	组织发展阶段	初创期	41	13.9
	本科	197	66.8		快速成长期	141	47.6
	研究生	48	16.3		稳定成熟期	78	26.0
	其他	3	1.0		衰退期	36	12.2

注：缺失值未统计。

表 3-3 预试项目的 PH 值和标准差统计表

项目编号	PH 值检验 T 值	PH 值检验 自由度	标准差	项目编号	PH 值检验 T 值	PH 值检验 自由度	标准差
W1	30.274***	113.864	1.262	W14	25.363***	107.462	1.305
W2	30.078***	111.323	1.261	W15	28.348***	122.420	1.293
W3	31.091***	105.019	1.273	W16	25.734***	106.904	1.303
W4	28.591***	117.053	1.246	W17	27.997***	115.519	1.313
W5	36.509***	155.192	1.191	W18	29.888***	137.974	1.281
W6	35.757***	155.878	1.185	W19	33.190***	80	1.053
W7	36.027***	157.844	1.238	W20	32.621***	80	1.039
W8	39.095***	159	1.221	W21	32.202***	79	1.091
W9	36.081***	159.665	1.176	W22	43.173***	158.489	1.286
W10	42.361***	79	1.353	W23	16.316***	127.569	0.849
W11	40.893***	80	1.367	W24	17.003***	123.748	0.803
W12	40.536***	80	1.352	W25	17.383***	135.172	0.787
W13	45.027***	80	1.351	W26	21.499***	121.955	0.882

注：***表示显著水平 $P<0.001$。

(3)项目总体相关法筛选。项目总体分相关系数(CITC)既可以用来判断辨别效度,也可以用来检验测项目的一致性,进行信度检验。Churchill(1992)建议,凡是 CITC 值小于 0.3 且删除该项目后 Cronbach's α 值会增加的项目都应删除。对绩效特征分量表所包含的项目进行项目总体相关分析,以及计算各项目 CITC 值,删除 CITC 值小于 0.3 的项目后的 Cronbach's α 值结果见表 3-4。

从表 3-4 可以看出,量表中只有第 22 项目符合删除的条件,其余项目的信度和效度较好。且在删除第 22 项目之后,再次计算分析了绩效结果具体性分量表的 CITC 值和 Cronbach's α 值,结果表明,该分量表其余项目应予以保留。

表3-4 预试项目的 CITC 值及删除后的 Cronbach's α 值

分量表名称	Cronbach's α 值	项目序号	分析结果	分量表名称	Cronbach's α 值	项目序号	分析结果
绩效行为可评价性	0.958 2	W1	0.782 4,0.954 9	绩效结果具体性	0.906 1	W14	0.869 7,0.886 4
		W2	0.784 0,0.954 8			W15	0.863 7,0.886 8
		W3	0.797 8,0.954 5			W16	0.872 4,0.886 3
		W4	0.776 5,0.955 0			W17	0.847 7,0.887 6
		W5	0.846 1,0.953 4			W18	0.836 6,0.888 3
		W6	0.670 0,0.957 6			W19	0.612 2,0.899 4
		W7	0.611 5,0.957 1			W20	0.606 0,0.899 6
		W8	0.858 4,0.953 0			W21	0.534 6,0.902 6
		W9	0.832 2,0.953 7			W22(×)	0.376 9,0.907 2
		W10	0.810 3,0.954 1			W23	0.342 5,0.904 7
		W11	0.795 1,0.954 4			W24	0.392 5,0.902 1
		W12	0.801 3,0.954 4			W25	0.391 2,0.902 2
		W13	0.798 0,0.954 5			W26	0.381 5,0.904 6

注：表中"分析结果"的前一数值为 CITC 系数，后一数值为删除该测项后 Cronbach's α 值，"×"表示删除。

(4) 探索性因子分析法筛选。笔者利用探索性因子分析法对量表项目作进一步筛选，按照"Kaiser 准则"(Kaiser,1960)，把特征值(eigenvalue)大于 1 作为选取因子的原则；并利用最大变异法(varimax)作为正交转轴，保留因子载荷量绝对值大于 0.5 的项目，而剔除载荷小于 0.5 的项目。此外，本研究属探索性研究，因此在因子分析中还遵循另外两个原则：第一，如果一个项目在各个因子上的载荷都比较接近，相差不大，即使载荷大于 0.5，也予以剔除，这种情况一般是由概念模糊造成的；第二，如果一个项目形成一类因子，在本研究中也予以剔除。

在进行探索性因子分析之前需要进行 KMO(kaiser-meyer-olkin measure of sampling adequacy,简称 KMO)样本测度和 Bartlett 球型检验(Bartlett test of sphericity,简称 BTS),以判断是否可以进行因子分析。KMO 系数在 0.9 以上表示样本非常充足,适合进行因子分析;KMO 系数在 0.8~0.9 之间表示样本比较充足,适合做因子分析;KMO 系数在 0.7~0.8 之间表示样本可以进行因子分析;KMO 系数在 0.5~0.7 之间表示做因子分析很勉强;而 KMO 系数在 0.5 以下则表示完全不适合采用因子分析法。进行因子分析的先决条件是变量间的相关性,变量间的相关特点用 Bartlett 球型检验需要达到显著水平,Bartlett 球型检验达到显著水平表明量表中各因子组成项目的构建效度良好,适合做因子分析。

绩效行为可评价性分量表做因子分析的条件检验结果见表 3-5。

表 3-5 绩效行为可评价性分量表的 KMO 值和 BTS 值

KMO 样本充足度测量	巴特立特球型检验		
KMO 值	卡方值(χ^2)	自由度(df)	显著度(α)
0.912	7 095.498	78	<0.001

表 3-5 显示,绩效行为可评价性分量表的 KMO 值为 0.912,超过了 0.9,表明样本非常充足。Bartlett 球型检验的显著度小于 0.001,表明变量之间具有共享因素的可能,适合做因子分析。在因子分析条件检验的基础上,绩效行为可评价性分量表的探索性因子分析(exploratory factor analysis,EFA)结果见表 3-6。

遵照探索性因子分析法项目筛选的原则,对绩效行为可评价性分量表项目进行逐一检验,表 3-6 显示,所有 13 个项目都不符合删除的条件,应予以保留。

从表 3-6 可以看出,13 个项目自动负荷在 3 个因子上。抽取的 3 个因子解释了总变异的 67.2%,解释力较好。每个因子的项目数在 4~5 之间,项目分布比较均衡。项目内因子最高载荷为 0.876,最低载荷为0.551,因子结构比较清晰,因此,把绩效行为可评价性视作三因子结构比较合理。

表3-6 绩效行为可评价性分量表的EFA结果

项目编号及表述	因子载荷		
	F1	F2	F3
2.别人不易观察到我的工作过程	**0.876**	0.234	0.146
1.我的工作主要是思维性活动	**0.772**	0.234	0.123
4.外人不太了解我的工作具体是如何完成的	**0.743**	0.237	0.134
3.我的工作过程较为复杂	**0.669**	0.263	0.145
11.我能按部就班地完成工作任务	0.236	**0.853**	0.168
12.我的工作思路(工作方案)常常要进行调整	0.246	**0.789**	0.171
10.我在工作中经常会碰到新问题	0.262	**0.664**	0.135
13.我的工作总体来说是事务性的	0.243	**0.594**	0.187
6.对我的工作而言,很难说某种工作方式是最好的	0.132	0.209	**0.808**
7.单位对我的工作方式有明确规定	0.139	0.257	**0.784**
5.有多种多样的途径完成我的工作任务	0.368	0.374	**0.776**
9.观察同事的日常工作行为,就基本知道其工作结果	0.389	0.338	**0.663**
8.对我的工作而言,工作方式通常不需要变化	0.361	0.378	0.551
旋转后	特征值	3.061	2.885	2.799
	方差贡献率/%	23.5	22.2	21.5
	累计方差贡献率/%	23.5	45.7	67.2

考察3个因子对应的项目表述,因子1包括4个项目(项目序号分别为2、1、4、3),这4个项目所包含的内容都与工作行为是否可以观察有关,因此命名为"绩效行为可视性"。因子2包括4个项目(项目序号分别为11、12、10、13),这4个项目均与工作行为是否重复有

关,因此命名为"绩效行为结构化"。因子3包括5个项目(项目序号分别为6、7、5、9、8),这5个项目均反映了完成工作任务的方式是否是多样的,因此命名为"绩效行为标准化"。从这3个因子所反映的内容来看,与已有的关于绩效特征研究的文献结论是比较一致的。

绩效结果具体性分量表做因子分析的条件检验结果见表3-7。

表3-7 绩效结果具体性分量表的 KMO 值和 BTS 值

KMO 样本充足度测量	Bartlett 球型检验		
KMO 值	卡方值(χ^2)	自由度(df)	显著度(α)
0.860	4 881.238	66	<0.001

表3-7显示,绩效结果具体性分量表的 KMO 值为 0.860,表明样本比较充足;Bartlett 球型检验的显著度小于 0.001,表明变量之间具有共享因素的可能,适合做因子分析。

在因子分析条件检验的基础上,绩效结果具体性分量表的探索性因子分析结果见表3-8。

表3-8 绩效结果具体性分量表的 EFA 结果

项目编号及表述	因子载荷		
	F1	F2	F3
14. 我的工作目标比较具体	**0.854**	0.192	0.245
17. 对我的工作而言,能够找到测量工作成果的指标	**0.798**	0.242	0.228
16. 评价我的工作,主要是看取得了什么样的结果	**0.737**	0.145	0.253
15. 我的工作结果,往往没有什么看得见的表现形式	**0.665**	0.144	0.245
18. 我的工作结果可以量化	**0.572**	0.139	0.227
24. 我的工作几乎是别人没有做过的	0.148	**0.830**	0.151
23. 完成我的工作,往往要全新的思路或利用不成熟的技术	0.215	**0.714**	0.181

续表 3-8

项目编号及表述		因子载荷		
		F1	F2	F3
25.我的工作基本没有经验办法可以参考		0.131	**0.692**	0.125
26.通常在初始阶段就能预见到我的工作结果		0.205	**0.578**	0.179
20.我能够自主控制工作目标的完成情况		0.288	0.213	**0.841**
21.外部因素对我工作目标的完成有较大的影响		0.221	0.201	**0.701**
19.工作目标的完成情况能反映我的努力程度		0.337	0.134	**0.643**
旋转后	特征值	3.051	2.272	2.003
	方差贡献率/%	25.5	18.9	16.7
	累计方差贡献率/%	25.5	44.4	61.1

遵照探索性因子分析法项目筛选四原则,对绩效结果具体性分量表项目进行逐一检验,表 3-8 显示,所有 12 个项目都应予以保留。

从表 3-8 可以看出,12 个项目自动负荷在 3 个因子上。抽取的 3 个因子解释了总变异的 61.1%,解释力较好;每个因子的项目数在 3~5 之间,项目分布比较均衡;项目内因子最高载荷为 0.854,最低载荷为 0.572,因子结构比较清晰。因此,把绩效结果具体性视作三因子结构比较合理。

考察 3 个因子对应的项目表述,因子 1 包括 5 个项目(项目编号分别为 14、17、16、15、18),这 5 个项目所包含的内容都与工作结果能否量化有关,因此命名为"结果可量化性"。因子 2 包括 4 个项目(项目编号分别为 24、23、25、26),这 4 个项目均与工作内含的不确定性有关,因此命名为"内在确定性"。因子 3 包括 3 个项目(项目编号分别为 20、21、19),这 3 个项目均反映了外部不确定性因素对完成工作任务的影响,因此命名为"环境稳定性"。从上述 3 个因子所反映的内容来看,与已有的关于绩效特征研究的文献结论有少许出入,已有文献对风险性特征只是提及了内在风险和外在风险两个方面,但没有区分开来,本研究证实二者是可以区分的。

3.4.3 绩效特征正式量表的确定

在对绩效特征量表初始项目筛选和内在结构探索性因子分析以后,笔者再次就该量表征询问了专家意见,包括大学里人力资源管理研究领域的教授,中铁第四勘察设计院集团有限公司、长江商报报社等组织的人力资源经理等。这些专家基本上肯定了该量表的测量项目,只是在个别表述上提了些建议,笔者根据这些建议做了修改,最终确定了量表的内容,见附录4。

3.5 绩效特征量表的检验

量表的检验可分为信度检验和效度检验。本研究从内容效度、结构效度和辨别效度3个方面对量表进行效度检验,其中结构效度检验又包括探索性因子分析和验证性因子分析。在进行效度检验的同时,采用Cronbach's α信度、同质信度和分半信度对绩效特征量表进行信度检验。

为了检验绩效特征量表的有效性,了解实践中知识员工的绩效考评方法和效果,笔者向在武汉、苏州、广州、上海、内蒙古、襄樊、十堰、长沙、宁波、福州、西安、重庆、郑州、洛阳、杭州等地工作的知识员工发放了大量调查问卷,问卷采用纸版和电子版两种形式。电子版问卷则由填答者完成后问卷直接发送到指定的邮箱。纸版问卷除武汉地区以外,其余地区均委托老师、朋友、同学发放,此次调查回收有效问卷1311份,被试的基本信息如表3-9所示,绩效特征量表检验均是采用本次正式调查的样本数据。

表 3-9 正式调查样本的基本信息

项目	类别	频数	占比/%	项目	类别	频数	占比/%
岗位	高层管理	118	9.00	性别	男	897	70.08
	中层管理	177	13.50		女	383	29.92
	基层管理	89	6.79	年龄/岁	<30	366	28.37
	普通管理	78	5.95		≥30但<45	786	60.93
	理论研究	83	6.33		≥45	138	10.70
	技术开发	56	4.27	工作年限	<3	348	27.10
	工程技术	48	3.66		≥3但<10	551	42.91
	大学教师	64	4.88		≥10	385	29.98
	医生	48	3.66	组织或单位类型	事业单位	353	27.24
	律师	55	4.19		科研院所	94	7.25
	传媒策划	52	3.97		团体协会	34	2.62
	中小学教师	98	7.48		国有企业	277	21.37
	财务核算	64	4.88		民营企业	364	28.09
	专业咨询	44	3.36		三资企业	168	12.96
	编审	61	4.65		其他	6	0.46
	培训专员	49	3.74	组织规模/人	<100	403	31.17
	市场营销	71	5.42		≥100但<500	527	40.76
	文艺创作	38	2.90		≥500但<2000	280	21.66
	其他	18	1.37		≥2000	83	6.42
受教育程度	大专	185	14.40	组织发展阶段	初创期	152	11.79
	本科	856	65.90		快速成长期	694	53.84
	研究生	246	19.10		稳定成熟期	434	33.67
	其他	8	0.60		衰退期	9	0.70

注：缺失值未统计。

3.5.1 效度检验

3.5.1.1 内容效度

内容效度也称表面效度,旨在系统地检查测量内容的适当性,是依据对所研究概念的了解程度鉴别测量项目是否反映了所要测量的内容和主题。检查内容效度就是检查由概念到指标的推演是否符合逻辑,是否有效,对此只能凭人们的主观判断和共同定义(袁方,2004)。本量表测量项目的形成建立在国内外学者已有研究成果的基础之上,采取了理论和实证相结合的方式。在确定测量项目的过程中,首先通过回顾国内外相关文献,总结出反映绩效特征的绩效属性要素;之后进行深度访谈,并撰写访谈案例,通过3位专业人士对访谈资料的内容分析,一方面验证了文献研究所总结的绩效属性要素的有效性,另一方面尽可能找出完备的测量绩效特征的项目;在形成绩效特征的初始量表之后,采用封闭式问卷进行预测,并运用定量的分析方法对量表项目进行了筛选;最后形成的量表又经过从事人力资源管理研究的学者和从事人力资源管理的专业人员确认,对量表的个别语句进行了进一步修订,形成了最终的量表,因此量表的内容效度应该是有保障的。

3.5.1.2 辨别效度

在心理测量学中,维度是指某一构念(construct)在同一结构层面上相互独立的部分,其中,辨别效度是判断某一构念是否独立的重要指标。辨别效度是指如果两部分测量内容反映不同的构念,则它们之间的相关性应该是较低的。本书所涉及的构念有两个层次,其一是测量绩效特征的两个绩效属性要素;其二是绩效行为可评价性三因子结构以及绩效结果具体性三因子结构。对于测量绩效特征的两个绩效属性要素是否独立,本研究采用信赖区间检定法(confidence interval test)予以判别,而对于绩效行为可评价性三因子和绩效结果具体性三因子是否具有辨别效度则采用变异数抽取检定法(variance extracted test)。

信赖区间检定法就是考察测量两个构念的数据之间的相关系数加减标准误差的两倍构成的信赖区间是否包含1,如果不包含1,则表明有较高的辨别有效性(Anderson and Gerbing,1988)。笔者计算绩效行为可评价性和绩效结果具体性两个构念间的信赖区间为 $-0.112\sim0.141$,不包括1,表明两个绩效属性要素之间的关联性并不高,具有辨别效度。

变异数抽取检定法表明,如果因子的变异数抽取估计值(variance extracted estimates)大于该因子与其他因子的共同变异抽取值(相关系数的平方),则因子间具有较高的辨别有效性(Fornell and Larcker,1981),变异数抽取估计值是各因子非测量误差的变异数占总变异数的比值。表 3-10 显示,绩效行为可评价性中 XW1 因子和 XW2 因子相关性最强,因此仅就这两个因子进行验证,若能通过,则绩效行为可评价性分量表的辨别效度较好。通过计算得出,XW1 因子和 XW2 因子的变异抽取估计值分别为 0.78 和 0.71,皆大于因子间相关系数的平方 $0.28(0.526^2)$,表明行为可视性和行为标准化是两个不同的概念,因此,绩效行为可评价性分量表的辨别效度获得支持。同理,对绩效结果具体性分量表进行检验,结果表明 JG2 因子和 JG3 因子的变异抽取估计值分别为 0.72 和 0.69,皆大于因子间相关系数的平方 $0.43(0.659^2)$,所以绩效结果具体性分量表的辨别效度良好。

表 3-10 多因子结构分量表变异数抽取检定结果

行为可评价性三因子	行为可视性(XW1)	行为标准化(XW2)	行为结构化(XW3)	结果具体性三因子	结果可量化性(JG1)	环境稳定性(JG2)	内在确定性(JG3)
XW1	—	0.526	0.333	JG1	—	0.585	0.459
XW2		—	0.169	JG2		—	0.659
XW3			—	JG3			—

3.5.1.3 结构效度

结构效度是指某一量表是否能测量某一理论结构或特质（Anastasi,1990）。结构是一种理论性的概念，用来代表较抽象的特质或属性，如果量表具有良好的结构效度，它所测得的分数即可真实地反映所测量的特质，量表使用者即可依据该结构的理论对所测得的结果加以诠释。结构效度多用主成分因子分析法（principal factor analysis,PFA）、验证性因子分析法（confirmatory factor analysis,CFA）、多元特质-多重方法矩阵法（multitrait-multimethod matrix,MTMM）来验证。

PFA 是分析资料的高等统计技术，主要是提供一种简化资料结构的方法，将量表中原来含有很多变量的潜在特质，尽可能予以归并至极少变量的因子或共同特质，以简化描述特质时所使用的类别数。当一份量表采用 PFA 将因子找出来后，即可了解此份量表所测量的共同特质是什么，再利用各个项目的载荷量来表示这份量表的有效性，如果量表原来的分数结构经由 PFA 分析后所产生的特质结构符合其理论结构，则表示此量表具有良好的结构效度。

CFA 可以通过构建结构方程模型（structure equation modeling,SEM，又称协方差结构模型 covariance structure modeling,CSM）来实现，它是一种以研究者最初构建的模型为基础，通过对数据的迭代计算来验证模型对数据的符合程度的方法。研究者可根据理论或实践研究需要对条件及参数加以控制，有选择地修改模型，如果模型各拟合指数达到标准，则表明模型拟合较好，结构效度理想。

MTMM 是 Campbell 和 Fiske 于 1959 年提出的一种分析测量结构效度的方法，这种方法主要的理论依据是对同一维度在不同测量方法上的相关程度以及同一测量方法内不同维度之间的相关程度进行计算，并对同方法异特征相关、同特征异方法特征相关和异特征异方法特征相关程度进行比较，从而得出有关效度的结论。但是这种方法最大的限制在于不能提供明确的维度和测验因子的具体评价标准(Schmitt and Stults,1986)。此外,许多研究者认为这种方法以包含测量误差的可观测变量之间的相关矩阵为基础,对测量的结构进行解释,而实际上测量误差每次是不一致的,这种现象会影响对潜在测量结构解释的准确性,20世纪80年代以后,MTMM逐渐被CFA取代。

考虑到MTMM的局限性,本研究不再使用MTMM,而是采取了主成分因子分析法和验证性因子分析法来交叉验证量表的结构效度。

1. 主成分因子分析

一份好的量表,多次测量的结果应该一致,因此在前面探索性因子分析的基础上,将正式调查样本随机分成样本数大致相同的两份,构成样本一和样本二(样本一包含655份问卷,样本二包含656份问卷),以此来验证量表的结构效度。表3-11呈现了绩效行为可评价性分量表、绩效结果具体性分量表的主成分旋转因子矩阵。由表中的数据可以看出,样本一和样本二中各因子包含的项目与前面进行的探索性因子分析中各因子所包含的项目是相同的,样本一和样本二中各项目在因子上的载荷都大于0.5,说明量表的结构效度良好。

2. 验证性因子分析

前面对绩效特征分量表的测量项目进行了探索性因子分析,由于绩效行为可评价性分量表和工作结果具体性分量表是多因子结构,故在此进一步用验证性分析加以检验其结构效度。正如Church和Burke(1994)所言,探索性因素分析在构思未知结构时具有优势,而验证性因素分析则为假设模型提供了有意义的检验和拟合指标。与探索性因素分析相比,验证性因素分析可以使研究者在相关理论的基础上,通过具体的限制使得理论和测量相互融合(McDonald and Marsh,1990)。基于此,本研究使用正式调查样本数据对其进行验证性因子分析,进一步检验量表的结构效度,通常而言,假设模型是否得到了观测数据的支持,可通过以下3类指标予以衡量。

表 3-11　分量表主成分因子分析(一)

绩效行为可评价性分量表							绩效结果具体性分量表						
项目编号	样本一			样本二			项目编号	样本一			样本二		
	F1	F2	F3	F1	F2	F3		F1	F2	F3	F1	F2	F3
W6	0.817	0.192	0.271	0.814	0.209	0.257	W15	0.847	0.169	0.232	0.840	0.143	0.258
W7	0.762	0.190	0.258	0.730	0.217	0.239	W16	0.762	0.169	0.232	0.732	0.143	0.258
W9	0.718	0.335	0.372	0.748	0.338	0.311	W14	0.722	0.172	0.232	0.794	0.140	0.222
W5	0.683	0.330	0.394	0.626	0.315	0.359	W17	0.636	0.178	0.203	0.751	0.155	0.236
W8	0.601	0.334	0.404	0.591	0.346	0.362	W18	0.617	0.193	0.237	0.633	0.145	0.275
W2	0.246	0.848	0.181	0.276	0.835	0.209	W23	0.181	0.835	0.050	0.159	0.747	0.031
W1	0.246	0.747	0.177	0.275	0.690	0.208	W22	0.130	0.724	0.003	0.105	0.671	0.001
W4	0.238	0.686	0.165	0.280	0.630	0.216	W24	0.161	0.651	0.084	0.134	0.727	0.060
W3	0.251	0.635	0.206	0.269	0.734	0.216	W25	0.161	0.624	0.117	0.121	0.638	0.111
W12	0.324	0.188	0.822	0.301	0.208	0.823	W20	0.254	0.061	0.847	0.297	0.071	0.836
W11	0.329	0.186	0.720	0.304	0.218	0.722	W21	0.222	0.096	0.715	0.253	0.033	0.709
W10	0.324	0.212	0.716	0.307	0.239	0.633	W19	0.303	0.066	0.607	0.336	0.081	0.596
W13	0.334	0.182	0.614	0.313	0.204	0.694							

注：$F1$、$F2$、$F3$ 分别代表样本一、样本二各自合成的 3 个因子，下同。

第一类指标称为绝对拟合指标，常常用到的指标包括χ^2、χ^2/df、RMSEA、GFI、AGFI 等。χ^2 表示假设模型再生协方差矩阵 E 与样本协方差矩阵 S 的差异，χ^2 越大，E 与 S 的差异越大，若 χ^2 值大于对应的临界值，则表示假设模型不能较好地得到数据支持，因此协方差结构模型中的 χ^2 检验与传统的 χ^2 检验有很大的区别。协方差结构模型期望得到的统计结果是不显著的 χ^2 值，χ^2 值越小说明模型的拟合效果越好。但是 χ^2 值容易受参数个数和样本容量的影响，如果样本足够小，任何假设的模型都与数据吻合，如果样本足够大，指数太敏感，几乎所有假设的模型都会被拒绝。因此，很多统计学家建议慎用，如果应用则需要结合自由度或其他指数(郭志刚,1999;侯杰泰等,2004)。χ^2/df 与 χ^2 具有同样的性质,是直接检验样本协方差矩阵和估计的协方差矩阵间的相似程度的统计量,相对 χ^2 而言,χ^2/df 优点在于会调节模型的复杂程度(因为分母为自由度),能比较恰当地选择一个参数不太多的模型,但同样易受样本容量的影响。Carmines 和 McIver(1981)认为,χ^2/df 值越接近 1,说明模型的拟合程度越好,小于 3 为理想结果,大于 3 小于 5 为可以接受结果。RMSEA 是近似误差均方根的英文缩写(roort-mean-square error of approximation),它是一种基于总体差距的指数,是通过检验模型在总体中而非在样本中的适合性而获得的,由于 RMSEA 受样本容量影响较小,近年来在模型评价中的作用越来越受到重视。Steiger(1990)认为,RMSEA 小于 0.1 表示好的拟合,低于 0.05 表示非常好的拟合,小于 0.01 表示非常出色的拟合。RMSEA 小于 0.01 的情形在实际应用中几乎碰不到。GFI 是拟合优度指数(goodness-of-fit index)的简称,可以将其理解为假设模型能够解释的方差和协方差的比例的一个测度,GFI 值越高表示模型拟合越好。在计算 GFI 时,若考虑参数的数量,则由此产生的指数称为调整拟合优度指数(AGFI)。GFI 和 AGFI 早期使用较多,后来学者发现,GFI 和 AGFI 对总体的渐进值的估计是有偏颇的,即使假设模型和真模型相差很大,这两个值都可能很高(McDonald and Marsh,1990;Steiger,2010)。

第二类指标称为相对拟合指标,常常用到的指标包括 TLI、NFI 和 CFI 等。相对拟合指数是通过将理论模型 M_t 和基准模型比较得到的统计量。在计算过程中往往将虚模型 M_n 作为基准模型。虚模型 M_n 是指限制最多,拟合最不好的模型。所以,简单地说,相对拟合指数就是将假设模型和虚模型进行比较,衡量拟合程度改进了多少。Bentler 和 Mooijaart(1989)的想法是将相对拟合指数限制在 0~1 范围内,数值越大表示模型拟合越好。TLI 是(Tucker-Lewis index)的简称,Bnetler 和 Bonett(1980)提出以虚模型为基准来衡量模型的拟合改进程度,赋予 TLI 新的内涵,命名为非规范拟合指数 NNFI(non-normed fit index)。NNFI 值会因样本的波动超出 0~1 范围,于是他们提出了规范拟合指数 NFI(normed fit index)。由于 NFI 没有考虑模型的复杂性,同时 NFI 的抽样均值分布与样本规模有关,在样本量少的时候,会低估拟合程度,这一局限使得在新近的拟合指数研究中推荐使用的相对拟合指数都没有列入,反而推荐使用 TLI。比较拟合指数 CFI(comparative fit index)同样是将假设模型和虚模型进行比较后计算而得,其取值范围在 0~1 之间,越接近 0 表示拟合效果越差,越接近 1 表示拟合越好。一般认为,TLI、NFI 和 CFI 均大于或等于 0.9 时,模型拟合良好。

第三类指标称为简约拟合指标。一个好的模型既要能够包含主要信息,有解释力,又要尽量简单。为了弥补前两类拟合指标过于关注解释力的不足,有学者提出要在拟合指数中引入简约原则,以惩罚参数多的复杂模型(Bentler and Moojaart,1989; Mulaik, et al., 1989; McDonald and Marsh,1990)。简约拟合指数是前两类指数派生出来的指数,所以许多分类方法并没有将其单独作为一类。某个拟合指数对应的简约拟合指数是应用省俭比(parsimony ratio)df_t/df_n 乘以该拟合指数。省俭比中的 df_t 和 df_n 分别是理论模型和虚模型的自由度,由于虚模型 M_n 的自由参数最少,故相应的自由度 df_n 最大。若假设模型 M_t 简单,与 M_n 接近,则 df_t 与 df_n 接近,简约指数只是略低于对应的拟合指数。若假设模型 M_t 复杂,与饱和模型 M_s 接近,则 df_t 与 df_n 比值变小,简约指数远小于对应的拟合指数,这正反映了以简约指数惩罚复杂模型的原则。简约拟合指数常常包括 PNFI 和 PCFI 等,这些指数同样是越接近 1 越好,但大到什么程度,没有统一的标准(Kelloway,1998),有学者建议一般要求大于 0.5。上述 3 类指数的适配度参考值如表 3-12 所示。

从对上述 3 类指标的介绍和分析来看,各个指标都不是万能的,对于模型结构效度的检验,往往需要综合采用多个指标来相互补充,交叉验证拟合程度。本研究将使用 χ^2、χ^2/df、RMSEA、TLI、NFI、

CFI、PNFI、PCFI 这 8 个较为常见的指标来检验绩效行为可评价性分量表和工作结果具体性分量表的结构效度。

表 3-12 CFA 指标取值范围

指标	基本范围	优良标准
χ^2/df	0~5	小于 3
RMSEA	0~0.1	小于 0.05
GFI	0~1,有负值可能	大于 0.9
AGFI	0~1,有负值可能	大于 0.8
TLI	可能超出 0~1	大于 0.9
NFI	0~1	大于 0.9
CFI	0~1	大于 0.9
PNFI	0~1	大于 0.5
PCFI	0~1	大于 0.5

根据探索性因子分析结果,按照验证性因子分析模式,对绩效行为可评价性假设模型进行设置,用正式调查的数据与假设模型进行拟合,所用统计软件为 AMOS,得到假设模型的标准化解,见图 3-5 和表 3-13,假设模型和调查数据的拟合指标值见表 3-14。

图 3-5 和表 3-13 显示,绩效行为可评价性分量表中各因子负荷的 t 值均大于 2,达显著水平($P<0.001$),且各测项所属因子载荷值都超过 0.5,因子结构较为清晰,量表收敛效果良好。

从表 3-14 可以看出,在绩效行为可评价性分量表的拟合指数中,χ^2/df 大于 3 小于 5,表明模型可以接受但不是非常理想,由于该指标易受样本容量的影响(本样本量为 1311 份,较大),因而结合其他指标以综合研判。表 3-14 显示,RMSEA 小于 0.05,相对拟合指数 TLI、NFI、CFI 均大于 0.9,简约拟合指数 PNFI 和 PCFI 均大于 0.5,这些指标值均达到了较理想水平,说明该模型总体而言拟合效果良好。

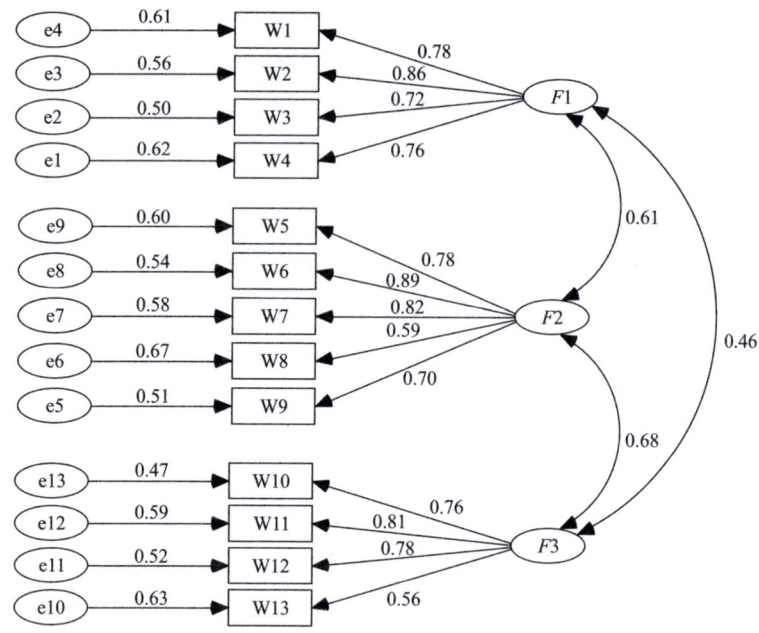

图 3-5 绩效行为可评价性假设模型 CFA 标准化解

表 3-13 绩效行为可评价性假设模型的参数估计

作用路径			标准化因子载荷	标准误差(S.E.)	临界比(C.R.)	显著性水平
W1	<----	绩效行为可视性	0.78	0.091	10.222	***
W2	<----	绩效行为可视性	0.86	0.082	11.463	***
W3	<----	绩效行为可视性	0.72	0.105	8.667	***
W4	<----	绩效行为可视性	0.76	—	—	—
W5	<----	绩效行为标准化	0.78	0.205	4.098	***
W6	<----	绩效行为标准化	0.89	0.121	7.438	***
W7	<----	绩效行为标准化	0.82	0.203	4.039	***
W8	<----	绩效行为标准化	0.59	0.241	3.154	***

续表 3-13

作用路径			标准化因子载荷	标准误差 (S.E.)	临界比 (C.R.)	显著性水平
W9	<----	绩效行为标准化	0.70	—	—	—
W10	<----	绩效行为结构化	0.76	0.073	12.740	***
W11	<----	绩效行为结构化	0.81	0.112	8.125	***
W12	<----	绩效行为结构化	0.78	0.062	15.667	***
W13	<----	绩效行为结构化	0.56	—	—	—

注:"***"表示显著水平($P>0.001$)。

表 3-14 绩效行为可评价性假设模型的拟合度

拟合指数	数值	拟合指数	数值
χ^2	198.53	NFI	0.969
χ^2/df	3.202	CFI	0.978
RMSEA	0.041	PNFI	0.661
TLI	0.968	PCFI	0.666

同理,对绩效结果具体性假设模型进行设置,用正式调查的数据与假设模型进行拟合,得到假设模型的标准化解,见图 3-6 和表 3-15,假设模型和调查数据的拟合指标值见表 3-16。

图 3-6 和表 3-15 显示,绩效结果具体性分量表中各因子负荷的 t 值均大于 2,达显著水平($P<0.001$),且各测量项目所属因子载荷值都超过 0.5,因子结构较为清晰,量表聚合效度良好。

从表 3-16 可以看出,绩效结果具体性分量表的拟合指数中,χ^2/df 小于 3,表明模型结构比较理想;从其他指标来看,RMSEA 小于 0.05,相对拟合指数 TLI、NFI、CFI 均大于 0.9,简约拟合指数 PNFI 和 PCFI 均大于 0.5,这些指标值均达到了理想水平,说明该模型总体而言拟合效果良好。

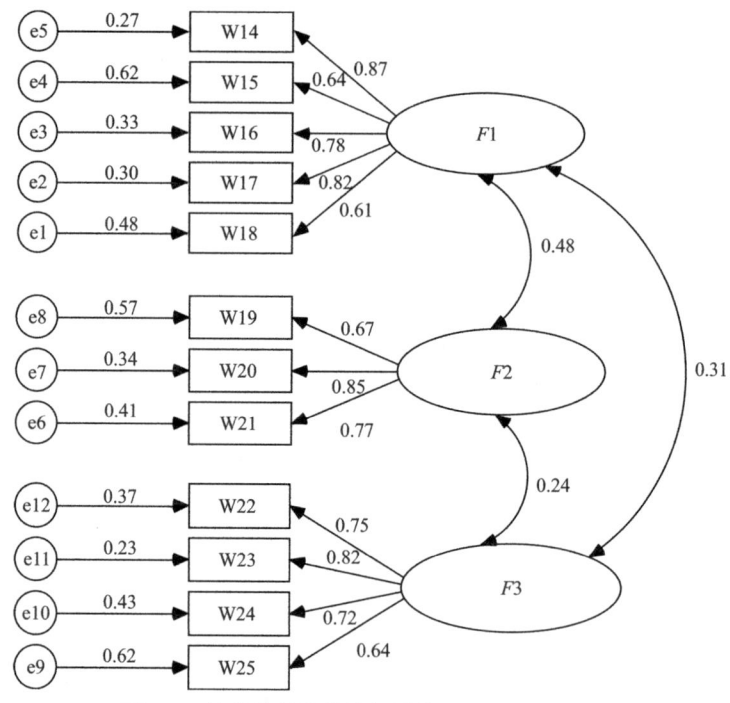

图 3-6 绩效结果具体性假设模型 CFA 标准化解

表 3-15 绩效结果具体性假设模型的参数估计

作用路径			标准化因子载荷	标准误差 (S.E.)	临界比 (C.R.)	显著性水平
W14	<----	结果可量化性	0.87	0.182	5.056	***
W15	<----	结果可量化性	0.64	0.081	10.375	***
W16	<----	结果可量化性	0.78	0.075	11.467	***
W17	<----	结果可量化性	0.82	0.075	11.733	***
W18	<----	结果可量化性	0.61	—	—	***
W19	<----	环境稳定性	0.67	0.163	5.313	***

续表 3-15

作用路径			标准化因子载荷	标准误差(S.E.)	临界比(C.R.)	显著性水平
W20	<----	环境稳定性	0.85	0.205	3.707	***
W21	<----	环境稳定性	0.77	—	—	—
W22	<----	内在确定性	0.75	0.141	5.357	***
W23	<----	内在确定性	0.82	0.172	4.824	***
W24	<----	内在确定性	0.72	0.185	3.892	***
W25	<----	内在确定性	0.64	—	—	—

注:***表示显著水平($P>0.001$)。

表 3-16 绩效结果具体性假设模型的拟合度

拟合指数	数值	拟合指数	数值
χ^2	143.769	NFI	0.935
χ^2/df	2.819	CFI	0.957
RMSEA	0.037	PNFI	0.611
TLI	0.934	PCFI	0.626

3.5.2 信度检验

信度是指测量数据的可靠性程度,是对测量工具的稳定性和一致性而言的。在调查研究中,问卷常常被作为测量工具,问卷信度的类型有多种,如重测信度、复本信度、评分者信度、内部一致性信度等。本研究采用内部一致性信度检验绩效特征量表,内部一致性信度主要反映的是测验内部项目之间的关系,考察测验的各个项目是否测量了相同的内容或特质。具体而言,本书将采用 Cronbach's α 信度系数、分半信度系数和项目总体分相关系数。

Cronbach's α 信度系数是目前最常用的信度系数,主要用于评估量表中项目得分间的一致性,属于一般化的公式。由于 Cronbach's α

信度系数是估计内部一致性信度的下限,很可能低估信度。因此,以 Cronbach's α 信度系数作为信度判断依据比其他信度判断更加稳健 (Cortina,1993)。本研究考虑使用 Cronbach's α 信度系数来检验绩效特征量表的内部一致性。Nunnally 和 Bernstein(1994)认为,测量工具的 Cronbach's α 信度系数最好高于 0.7。如果测量工具中的项目个数少于 6 个,Cronbach's α 信度系数值大于 0.6 也表明数据质量可靠。

分半信度系数是常用的表示测量项目内部一致性程度的指标之一。具体分析方法是在测验后通常采用奇偶分组的方法将测验项目分成数量相等的两组(两半),然后计算两组项目之间的相关度,相关度越高表示信度越高,或内部一致性程度越高。

项目总体分相关系数是内部一致性信度的一种指标,它既可以用来判断辨别效度,也可以用来检验信度。本研究使用项目总体分相关系数(CITC)进行信度检验,以测量工具本身的总分为效标来计算每一测项与总分的相关系数,若相关系数达到显著性水平或高于 0.3,则测量项目的同质性较高(Nunnally and Bernstein,1994)。

绩效特征量表的 3 种内部一致性信度系数见表 3-17 和表 3-18。

表 3-17 绩效特征量表的 Cronbach's α 信度系数和分半信度系数

变量	Cronbach's α 信度	分半信度
绩效行为可视性	0.916	0.918
绩效行为标准化	0.897	0.893
绩效行为结构化	0.915	0.916
绩效行为可评价性	0.904	0.897
结果可量化性	0.910	0.917
环境稳定性	0.881	0.892
内在确定性	0.847	0.849
绩效结果具体性	0.893	0.881

表 3-18 绩效特征分量表的 CITC

分量表名称	测量项目	CITC	分量表名称	测量项目	CITC
绩效行为可评价性	W1	0.750 5	绩效结果具体性	W14	0.878 3
	W2	0.753 2		W15	0.875 8
	W3	0.761 4		W16	0.875 8
	W4	0.743 4		W17	0.858 6
	W5	0.859 5		W18	0.856 1
	W6	0.753 5		W19	0.637 0
	W7	0.726 1		W20	0.617 5
	W8	0.868 6		W21	0.568 4
	W9	0.847 5		W22	0.428 0
	W10	0.813 0		W23	0.499 3
	W11	0.803 1		W24	0.460 2
	W12	0.797 7		W25	0.460 1
	W13	0.795 8			

表 3-17 显示,各绩效特征分量表以及分量表各因子的 Cronbach's α 信度系数在 0.847~0.916 之间,分半信度系数在 0.849~0.918 之间,都大于 0.7,表明量表具有较好的信度。

表 3-18 显示了各项目与所属分量表总分的相关系数,各相关系数都大于 0.4($P<0.01$),绝大多数相关系数超过 0.5,说明量表的同质信度良好。

3.6 绩效特征的现实判定

3.6.1 绩效特征辨识的思路

如前文所述,绩效特征就是绩效在某些属性上的显著差异,具体来说就是在各个绩效属性上是"显性"的还是"弱性"的。本书借鉴学术界常使用的高低分组思想,结合 Likert 5 级量表调查计分,将在某绩效属性上得分较高者视为"显性",得分较低者视为"弱性",并以此来辨识绩效特征。

3.6.2 绩效特征辨识的操作

3.6.2.1 绩效特征辨识的标准

在实证研究中要对绩效特征做出现实判定,则需要给出绩效特征的具体标准。在许多研究中,高低分组时常采用33%分位(也有采用27%和25%),虽然高低分组时采用的33%分位是对被调查者人数进行划分,但是笔者认为这一思想也可以应用到分数上来。按照前面开发的绩效特征量表,如果按 Likert 5 级量表进行设计,规定在分量表中总得分高于 3.67 的绩效特征分为"显性"特征,总得分低于 2.33 分的绩效特征为"弱性"特征,这样就确定了绩效特征的现实判定标准(表 3-19)。

表 3-19 绩效特征的现实判定标准

绩效属性	绩效特征	内涵	判定标准
绩效行为可评价性	显性	绩效行为可评价性高	绩效行为可评价性总得分≥3.67
	弱性	绩效行为可评价性低	绩效行为可评价性总得分≤2.33
绩效结果具体性	显性	绩效结果具体性高	绩效结果具体性总得分≥3.67
	弱性	绩效结果具体性低	绩效结果具体性总得分≤2.33

3.6.2.2 绩效特征总得分的计算

表 3-19 给出了绩效特征的现实判定标准,接下来需要解决的问题就是"总得分"的计算问题。由于部分分量表(绩效行为可评价性分量表和绩效结果具体性分量表)下面还涉及到多个二级指标和项目(如绩效行为可评价性分量表,图 3-7 所示),因此计算"总得分"时

就会遇到指标项目的合成问题。由于直接采用均值进行合成的方法过于简单,各因子的权重相同并不完全符合实际,本研究应用因子分析方法来对指标项目进行合成,然后再计算各绩效属性的"总得分"。

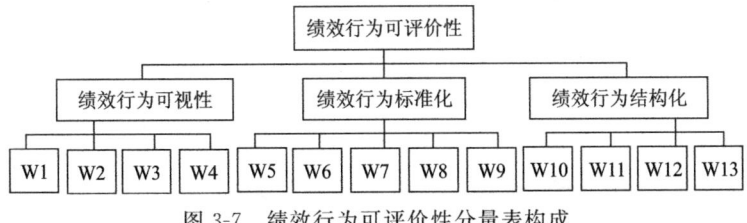

图 3-7　绩效行为可评价性分量表构成

计算"总得分"的基本流程如图 3-8 所示,有三大步骤。

(1) 通过主成分因子分析确定各因子的相对重要程度。各因子的相对重要程度通过因子模式解中因子载荷矩阵($\boldsymbol{L}^*_{(p \times m)} = [l^*_{ij}]$)各列中因子载荷的平方和 λ^*_j 表示。

$$\lambda^*_j = \sum_{i=1}^{p} l^{*\,2}_{ij}$$

λ^*_j 除以所有抽取因子的总和即为该因子的相对权重 W_j。

$$W_j = \frac{\lambda^*_j}{\sum_{j=1}^{m} \lambda^*_j} \times 100\%$$

(2) 通过因子分析中的"因子得分"计算各主成分因子的因子分 fs_j。由于反映绩效属性的原始尺度(因子分)包含正负数,不利于比较。本研究采用 Eigen-Zucchi(2001)的公式将尺度转换为 1~5,以使其变为常态分(因子评价分数 f_j)。

$$f_j = 1 + [(V_i - V_{\min})/(V_{\max} - V_{\min})] \times 4$$

式中:V_i 代表原始数值,$V_{\min}$ 代表原始数值中的最小值,$V_{\max}$ 代表原始数值中的最大值。

(3) 经过数据尺度转换后,即得到了因子评价分数 f_j,进而通过以下公式即可得到各被试分别在各绩效属性上的"总得分 T":

$$T = \sum_{j=1}^{m} f_j \times W_j$$

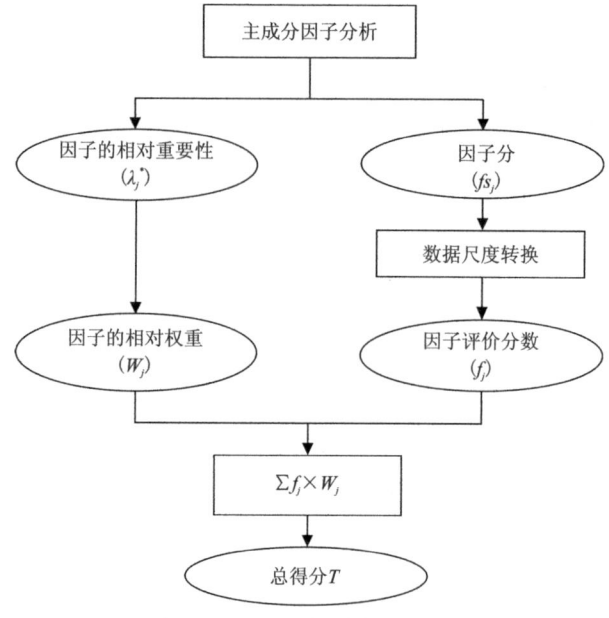

图 3-8 "总得分"计算流程图

从上述绩效属性"总得分"的计算基本流程可以看出,如果某绩效属性是单因子,则直接将因子得分进行尺度转换后就是"总得分"。

3.6.3 绩效特征辨识示例

笔者在正式调查样本中随机抽取 8 个被调查者作为研究对象,计算他们在"绩效行为可评价"属性上的"总得分",以此作为算例。

3.6.3.1 计算各共同因子的相对权重

表 3-20 显示了"绩效行为可评价"分量表的因子载荷矩阵,表中最后一行数据为因子载荷的平方和,可视为共同因子 $F1$、$F2$ 和 $F3$ 的相对重要性。然后依此计算 $F1$、$F2$ 和 $F3$ 的相对权重 W_j。

$$W_1 = \frac{3.061}{3.061 + 2.885 + 2.799} \times 100\% \approx 35.0\%$$

$$W_2 = \frac{2.885}{3.061+2.885+2.799} \times 100\% \approx 33.0\%$$

$$W_3 = \frac{2.799}{3.061+2.885+2.799} \times 100\% \approx 32.0\%$$

表 3-20 13 个项目在绩效行为可评价性三因子上的载荷矩阵

项目编号	F1	F2	F3
W2	**0.876**	0.234	0.146
W1	**0.772**	0.234	0.123
W4	**0.743**	0.237	0.134
W3	**0.669**	0.263	0.145
W11	0.236	**0.853**	0.168
W12	0.246	**0.789**	0.171
W10	0.262	**0.664**	0.135
W13	0.243	**0.594**	0.187
W6	0.132	0.209	**0.808**
W7	0.139	0.257	**0.784**
W5	0.368	0.374	**0.776**
W9	0.389	0.338	**0.663**
W8	0.361	0.378	**0.551**
$\sum l_{ij}^2$	3.061	2.885	2.799

3.6.3.2 计算各因子分

因子分为观测矩阵经因子分析过程后,投射到共同因子空间的新观测矩阵,可视为各观测值在个别共同因子间的表现。本算例计算所得的因子分矩阵见表 3-21,表 3-21 中 $F1$、$F2$ 和 $F3$ 为三因子对应样本的因子得分。

表 3-21　8 个样本的绩效行为可评价性因子分、因子评价分数与总分数

样本编号	F1	F2	F3	f_1	f_2	f_3	总得分 T
48	0.461	0.947	1.128	3.747	4.166	4.322	4.07
153	−0.426	−0.383	−1.631	2.983	3.020	1.944	2.66
184	−1.867	−0.886	−0.957	1.741	2.586	2.525	2.27
221	−1.931	−0.789	−0.854	1.686	2.670	2.614	2.31
294	0.581	1.114	0.634	3.850	4.310	3.896	4.02
324	0.532	0.615	1.127	3.808	3.880	4.321	4.00
498	−1.934	−0.869	−0.854	1.683	2.601	2.614	2.28
615	−0.854	−1.511	−1.324	2.614	2.048	2.209	2.30

3.6.3.3　对因子分进行尺度转换

本次调查的 1311 份样本数据，经主成分因子分析显示，因子得分最大值为 1.915，最小值为 −2.727。根据 Eigen-Zucchi(2001) 提出的尺度转换公式，将因子分转换为 1~5 范围内，转换结果即为因子评价分数，见表 3-21 中的 f_1、f_2、f_3。

3.6.3.4　计算总得分

最后根据计算公式 $T = \sum_{j=1}^{m} f_j \times W_j$，求出各员工的总得分 T，结果见表 3-21。

按照前面关于绩效特征的辨识标准，表 3-21 中共有 3 人的绩效行为可评价性属性为"显性"，即绩效行为可评价性高；有 4 人的绩效行为可评价性属性为"弱性"，即绩效行为可评价性低。

本书以 8 个被调查样本为算例，呈现了绩效可评价性"总得分"的计算过程，可以依此方法对所有样本进行计算，并求出各样本分别在各个绩效属性上的"总得分"，由此对绩效特征作出判定。

3.7 不同岗位知识员工绩效特征的描述性统计

本研究中各主要类别知识员工绩效特征的描述性分析采用ABC分析法。它是运用数理统计的方法,对种类繁多的诸多事物因素,根据其特征进行分类排队以抓住主要矛盾,分清重点与一般,有区别地进行实践管理的一种科学分类技术,其目的是把主要精力集中于重点问题的管理,并兼顾其他问题,以得到事半功倍的效果。考虑到ABC分析法的实质在于揭示出"关键的与次要的",本研究采用累计比重的形式对各类岗位绩效特征的选择频次进行分析,按照学界常用的三分法,把频次累计大于或等于66%的绩效特征选择,认定为具备该绩效特征。根据这一思想和技术标准,本书所调查的各主要类别岗位的绩效特征如表3-28所示。

表3-22 不同类别知识员工绩效特征的频率统计

岗位类型	绩效行为可评价性/%			绩效结果具体性/%		
	显性	中等	弱性	显性	中等	弱性
基层管理	**82.4**	10.4	7.2	15.9	13.4	**70.7**
普通管理	**88.2**	7.2	4.6	5.8	8	**86.2**
财务管理	**86.5**	9	4.5	12.4	19.6	**68.0**
中小学教师	**83.9**	11.4	4.7	**81.1**	10.1	8.8
培训专员	**81.6**	12	6.4	**76.4**	11.6	12
技术开发	17.3	**65.9**	16.8	**69.9**	17.9	12.2
工程技术	18.8	**66.3**	14.9	**75.9**	15.8	8.3
传媒策划	7.4	16.5	**76.1**	**73.7**	13.2	13.1
专业咨询	7.3	20.1	**72.6**	**71.8**	14.6	13.6
医生	4.2	15.1	**80.7**	**73.9**	13.8	12.3
市场销售	7.3	13.9	**78.8**	**70.2**	9.3	20.5

续表 3-22

岗位类型	绩效行为可评价性/%			绩效结果具体性/%		
	显性	中等	弱性	显性	中等	弱性
律师	3.2	14.2	**82.6**	**85.9**	10.9	3.2
中层管理	9.6	14.8	**75.6**	**78.9**	8	13.1
文艺创作	3.8	19.3	**76.9**	**70.5**	13.4	16.1
编审	5.7	17	**77.3**	**77.1**	12.1	10.8
理论研究	2.2	14.2	**83.6**	13	**67.6**	19.4
科研型大学教师	7.1	16.4	**76.5**	10.2	**71.8**	18
高层管理	7.8	13.8	**78.4**	34.6	**60.1**	5.3

表 3-22 表明,从绩效行为可评价性和绩效结果具体性的角度看,本研究调查所涉及的知识员工大致可以分为 5 类:①基层管理、普通管理、财务管理岗位属于一类,其绩效特征表现为绩效行为可评价性高、绩效结果不具体。②中小学教师、培训专员岗位属于一类,其绩效特征表现为绩效行为可评价性高、绩效结果具体。③传媒策划、专业咨询、医生、市场销售、律师、中层管理人员、文艺创作、编审属于一类,其绩效特征表现为绩效行为可评价性低、绩效结果具体。④技术开发、工程技术人员属于一类,其绩效特征表现为绩效行为可评价性中等、绩效结果具体。⑤理论研究、科研型大学教师、高层管理人员属于一类,其绩效特征表现为绩效行为可评价性低、绩效结果具体性中等。

以前文绩效特征"显性"和"弱性"的辨识标准为参照,本调查涉及岗位的绩效特征分布比例如表 3-23。

从表 3-23 可以看出,本书中所确定的绩效特征标准涵盖了约 80% 的调查岗位,这在很大程度上表明该标准具有较好的包容性,抓住了研究问题的主要方面。

表 3-23 调查岗位绩效特征的分布比例

绩效属性	绩效特征	比例/%	合计/%
绩效行为可评价属性	显性	30.3	82.1
	弱性	51.8	
绩效结果具体性属性	显性	53.6	80.1
	弱性	23.5	

3.8 R&D人员绩效特征深度分析

值得注意的是,从表 3-22 可以发现,技术开发人员、工程技术人员、理论研究人员和科研型大学教师等人员的绩效特征在某些方面并非是"显性"或者"弱性",例如,技术开发人员、工程技术人员的绩效行为可评价性中等,而理论研究人员、科研型大学教师的绩效结果具体性中等,这些人员几乎都是常常提及的 R&D 人员,其不明显的绩效特征有待进一步研究。

3.8.1 绩效特征量表对 R&D 人员的适用性分析

前文的绩效特征量表是对不限于 R&D 人员的分析开发的,在专门研究 R&D 人员的绩效特征时,这个量表是否还适用呢?在此,笔者专门针对 R&D 人员进行了问卷调查,运用聚类分析法和验证性因子分析法验证了前述绩效特征量表对 R&D 人员的适用性。

调查采用分层抽样法,主要在高等院校、科研院所和技术密集型企业进行,尽量让被试在 3 类 R&D 工作中分布比较均衡。经多次补充调查,共发放问卷 782 份,回收问卷 561 份,有效问卷 492 份,有效回收率为 62.9%。基础研究人员、应用研究人员和试验发展人员分别占 34.8%、28.7%、36.5%。高等院校、科研院所、企业和其他组织人员分别占比 37.3%、24.5%、33.1%、5.1%。被试从事 R&D 工作的平均年限为 5.2 年。

变量聚类是一种降维方法,它通过梳理变量的类属,让人们能够使用少数几个维度来代替众多变量所包含的主要信息。本书采用分层聚类法,用两类间最远点的距离代表两类间的距离,用皮尔逊相关系数测度变量间相似性,前述绩效特征量表中 25 个变量聚类结果的树形图见图 3-9。

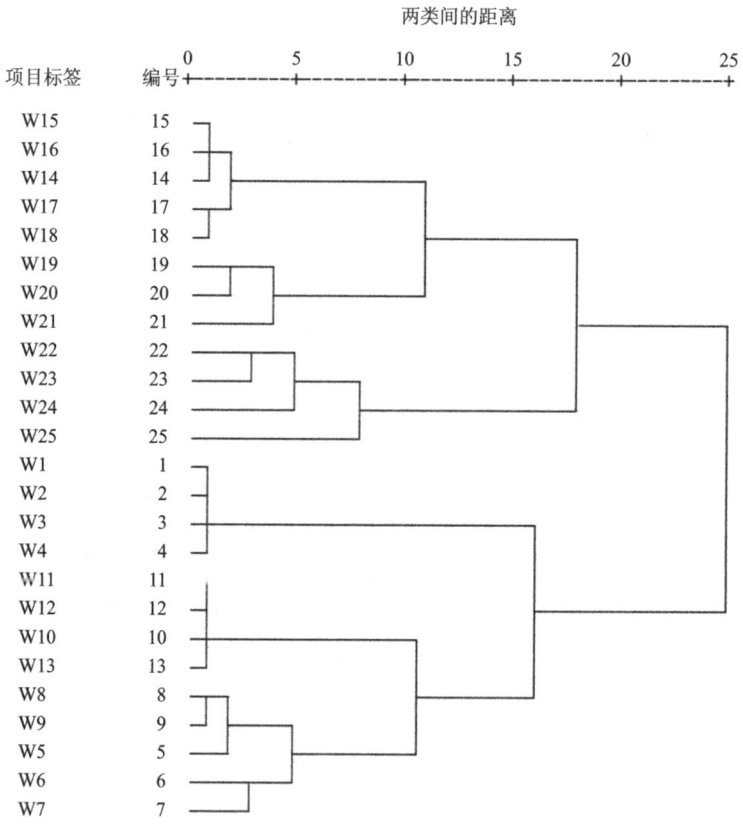

图 3-9　R&D 人员绩效特征变量聚类结果的树形图

从图 3-9 可以看出,如果将变量聚为两类,第 1 至第 13 项目为一类,第 14 至第 25 项目为另一类,这两类又各包含 3 个子类(即后述中的 6 类),此为六因子二阶模型;如果聚为 6 类,第 1 至第 4 项目、第 5 至第 9 项目、第 10 至第 13 项目、第 14 至第 18 项目、第 19 至第 21 项目、第 22 至第 25 项目各为一类,此为六因子一阶模型。结合之前的研究结论推断,把 25 个项目聚为两类,每类又各包含 3 个子类是较为合理的,即第 1 至第 13 项目测量绩效行为,第 14 至第 25 项目测量绩效结果;它们各包含 3 个因子,各因子包含的项目与图 3-9 中 6 类变量各自对应的项目完全一致。

从图 3-9 还可以看出,如果将变量聚为 4 类,即第 1 至第 4 项目、第 5 至第 13 项目、第 14 至第 21 项目、第 22 至第 25 项目各为一类,此为四因子一阶模型。这一聚类结果难以解释,因为 R&D 人员绩效特征量表中第 1 至第 13 项目测量绩效行为的可评价性,不宜拆分;同样的道理也适用于第 14 至第 25 项目,这 12 个项目是测量绩效结果的可评价性,分为两部分不合理。

此外,从理论上而言,由于绩效行为和绩效结果并不具有必然相关性,正如有些学者指出,有些 R&D 工作的行为不可监控,但其绩效结果却又有一些基本的衡量指标(许庆瑞等,2002)。因此,本书理论上认为把表示 R&D 人员绩效特征的 25 个变量聚为一类也不合理,此为一因子一阶模型。

综上所述,R&D 人员绩效特征测量竞争模型有 4 个,分别为六因子二阶模型、六因子一阶模型、四因子一阶模型以及一因子一阶模型。究竟哪一个测量模型更合理呢?进一步的验证性因子分析结果见表 3-24。

根据学者推荐的验证性因子分析指标取值范围(侯杰泰等,2004),从表 3-24 可以看出,六因子二阶模型的绝对拟合指标、相对拟合指标以及简约拟合指标比其他 3 个模型都更加理想,结合上文所述,其理论依据也更加充分。后文在根据被试的绩效特征变量值对 R&D 人员进行分类时,采用的即是六因子二阶模型。具体而言,该模型将 R&D 人员的绩效特征从行为可评价性和结果具体性两个维度进行刻画,这两个维度各自又包含 3 个因子。在进行绩效特征值统计时,同前述方法一样,将各个因子的方差贡献率进行归一化处理,得到各个因子的权重;各个因子得分进行 5 分制转换后,加权平均即得到绩效在行为特征和结果特征方面的最终值。

表 3-24 R&D 人员绩效特征变量结构模型的拟合度

结构模型	拟合指数							
	χ^2	χ^2/df	RMSEA	TLI	NFI	CFI	PNFI	PCFI
六因子二阶模型	501.987	1.866	0.042	0.957	0.927	0.964	0.767	0.798
六因子一阶模型	7 370.151	28.347	0.236	0.685	0.742	0.748	0.593	0.598
四因子一阶模型	16 820.61	62.531	0.354	0.826	0.833	0.832	0.687	0.688
一因子一阶模型	20 393.19	74.157	0.386	0.854	0.859	0.860	0.728	0.726

3.8.2 基于绩效特征的 R&D 人员分类

根据上述方法计算出每位被试者在绩效行为可评价性和绩效结果具体性方面的特征值后,以这两个维度为坐标,对被试的分布进行散点图解析,结果见图 3-10。

图 3-10 中的横向虚线和纵向虚线分别代表取值为 2.33 和 3.67 的刻度线,即按照三分法,5 点计分的低、中、高分界线。从图 3-10 可以看出,R&D 人员主要分布在两个区域,即绩效结果具体性中等、行为可评价性低的甲区域,以及绩效结果具体性高、行为可评价性中等的乙区域。甲区域主要是基础研究人员,乙区域主要是应用研究人员和试验发展人员。进一步观察可以发现,相对于应用研究人员,试验发展人员的集中分布区域略偏向右上方。换而言之,图 3-10 意味着 R&D 人员可能分为两类或者三类。

在对 R&D 人员散点图进行研判的基础上,本研究进一步根据 R&D 人员的绩效特征值对其进行样本聚类,以期探究更为精确的

3 知识员工绩效特征实证研究

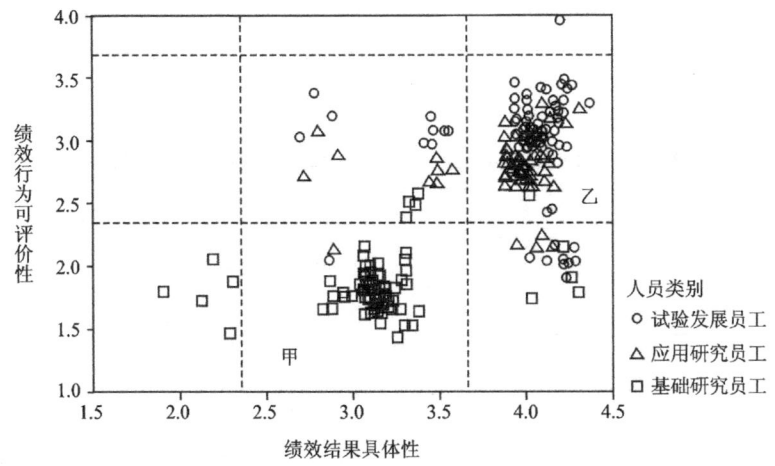

图 3-10 基于绩效特征的 R&D 人员分布

R&D 人员分类。本次样本聚类采用快速聚类法,没有指定初始的类中心,使用 K 均值分类法对 R&D 人员分别进行了类数为 2 和 3 的两次聚类分析,聚为两类和三类的类中心数据见表 3-25。

表 3-25 R&D 人员聚为两类和三类的类中心数据统计表

绩效特征变量	R&D 人员聚为两类		R&D 人员聚为三类		
	Ⅰ类	Ⅱ类	Ⅰ类	Ⅱ类	Ⅲ类
绩效结果具体性	3.137	4.021	3.143	3.981	4.035
绩效行为可评价性	1.806	2.903	1.798	2.781	2.937

从表 3-25 可以看出,当 R&D 人员聚为两类时,Ⅰ类和Ⅱ类的类中心距离比较大,也就是说这两类人员的绩效特征有较大的差异,两类人员界线分明。当 R&D 人员聚为三类时,尽管Ⅰ类和其他两类的类中心有较大距离,但Ⅱ类和Ⅲ类的类中心差异很小,这意味着Ⅱ类和Ⅲ类可能难以区分。

在 R&D 人员样本聚类初步分析基础上,笔者进一步进行了变量类间方差分析,以确定 R&D 人员聚为三类时,其中的Ⅱ类和Ⅲ类是否存在显著差异,进而确定最为合理的分类数(卢纹岱和朱红兵,2015)。R&D人员聚为两类和三类时的变量间方差分析结果见表3-26。

表3-26　R&D人员聚为两类和三类时的变量间方差分析

R&D人员	(I)类型	(J)类型	绩效结果可评价性			绩效行为可评价性		
			均值差异(I−J)	标准误	显著性水平	均值差异(I−J)	标准误	显著性水平
聚为两类	Ⅰ类	Ⅱ类	−0.874	0.069 3	<0.001	−1.086	0.055 2	<0.001
聚为三类	Ⅰ类	Ⅱ类	−0.856	0.062 9	<0.001	−1.075	0.068 1	<0.001
	Ⅰ类	Ⅲ类	−0.905	0.058 0	<0.001	−1.148	0.062 8	<0.001
	Ⅱ类	Ⅲ类	−0.049	0.061 3	0.377	−0.073	0.066 4	0.142

从表3-26可以看出,当R&D人员聚为两类时,这两类人员在绩效结果可评价性以及绩效行为可评价性上均有明显的差异。当R&D人员聚为三类时,Ⅰ类和其他两类在两个绩效特征变量上存在显著差异,但Ⅱ类和Ⅲ类却没有明显的差异。由此可以认为,如果强行将R&D人员聚为三类,其中的Ⅱ类和Ⅲ类实质上并没有明显的不同。基于此,本书根据R&D人员的绩效特征最终将其分为两类。

3.8.3　R&D人员绩效特征

一些学者认为,R&D活动包括基础研究、应用研究和试验发展3类(许庆瑞等,2002),而本研究前述的数据分析表明,R&D人员聚为两类最为合理。那么它们之间是一种什么关系呢?聚为两类的R&D人员的绩效特点又是什么?笔者通过列联表和ABC分析法对其进行了分析。ABC分析法实质是一种揭示出"关键的与次要的",分清重点与一般,进而有区别地实施管理的一种科学分类技术。本研究采用列联表的形式对传统的R&D人员三分在两类划分中的归属比例,以及两类 R&D 人员的绩效特征进行了描述性统计。类数为 2 的样本聚类结果表明,传统的 R&D 人员三分法和本研究的两类属划分之间的关系见表 3-27。

表 3-27　传统的 R&D 人员三分法和本研究的两类属划分之间的关系

类别	所属Ⅰ类		所属Ⅱ类	
	人数/个	比率/%	人数/个	比率/%
基础研究	166	96.5	5	3.5
应用研究	3	2.1	138	97.9
试验发展	2	1.1	178	98.9

从表 3-27 可以看出,本次调查中,96.5% 的基础研究人员属于Ⅰ类,超过 97% 的应用研究人员和试验发展人员属于Ⅱ类。换言之,由于应用研究人员和试验发展人员的绩效特征没有明显差异,可以视为一类;而基础研究人员和它们二者有着明显的不同,属于另一类。

根据统计中惯用的高、中、低三分法,将 5 点计分从低到高分为 3 个区间,Ⅰ类 R&D 人员和Ⅱ类 R&D 人员的绩效特征分布见表 3-28。

表 3-28　两类 R&D 人员绩效特征分布

R&D 人员	绩效结果具体性/%				绩效行为可评价性/%			
	<2.33	2.34~3.66	>3.67	平均值	<2.33	2.34~3.66	>3.67	平均值
Ⅰ类	2.9	96.6	0.5	3.141	96.5	3.5	0	1.811
Ⅱ类	0	5.0	95	4.015	7.2	92.5	0.3	2.897

从表 3-28 可以看出,超过 95% 的Ⅰ类 R&D 人员的绩效结果具体性处于中等水平,而其绩效行为可评价性低。超过 90% 的Ⅱ类 R&D 人员的绩效结果具体性高,而其绩效行为可评价性处于中等水平,这也与图 3-10 中的分布比较一致。

3.9 本章小结

本章提出了反映绩效特征的绩效属性要素，在此基础上开发了测量绩效属性的量表，给出了辨别绩效特征的具体标准和判定方法，对各主要类别知识员工的绩效特征进行了描述性统计，并对最典型的知识员工 R&D 人员的绩效特征进行了深度分析。

通过对已有的关于绩效特征的论述进行总结，以及对知识员工绩效特征的访谈分析，发现不同类别知识员工的绩效特征可以归结在绩效行为可评价性和绩效结果具体性这两个绩效属性要素上的差异化特点，也即在这两个绩效属性上的"显性"与"弱性"表征。

以访谈得到的 28 个绩效特征描述条目为基础编制初始问卷，经过测试筛选、效度和信度检验，最终形成了包含 25 个项目的绩效特征测度量表，为知识员工绩效特征测量提供了工具。

借鉴学界常用的高低分组思想，在 Likert 5 级调查计分的情境下，将在绩效特征量表上得分≥3.67 视为"显性"，得分≤2.33 视为"弱性"，以此来辨识绩效特征，并以描述性统计数据为基础，运用 ABC 分析法对各种知识性岗位的绩效特征做了基本判断。结果表明，大部分知识员工的绩效特征可以得到有效识别。

鉴于 R&D 人员的绩效特征在某些方面并非是"显性"或者"弱性"，对其进行进一步的深度分析发现，传统的基础研究、应用研究和试验发展人员根据绩效特征可以聚为两类，其中一类主要是基础研究人员，另一类包括应用研究和试验发展人员。前一类 R&D 人员的绩效特征是绩效结果具体性"中性"，而其绩效行为可评价性"弱性"；后一类 R&D 人员的绩效特征是绩效结果具体性"显性"，而其绩效行为可评价性"中性"。

4 考核方法与绩效特征匹配模型的构建

本章在介绍绩效考核方法和权变理论核心思想的基础上,提出了考核方法和绩效特征匹配关系的系列研究假设。

4.1 绩效考核方法概述

现有文献中有不少针对具体职业知识员工的绩效考评,例如,大学教师、企业高管人员、R&D 人员等(Nixon,1998;许庆瑞等,2002;Thanhain,2010)。对于现有的考评方法,从不同的角度可以有不同的分类。

从考评主体的角度,有两种分类方法:第一种按照考评者与被考评者在组织中的关系,考评方法可以分为 90°考评(直接上级考评)、180°考评(直接上级考评与自我评价相结合)、270°考评(在 180°考评基础上增加同事考评)和 360°考评(在 270°考评的基础上增加客户评价和下属评价)等(Edwards,1996)。第二种按照考评者和被考评者在业务专长上的近似性以及考评内容的专业性,考评方法可以分为专家评价法、非专家评价法以及专家-非专家共同评价法。

从考评周期的角度分类,绩效考评可以分为短期考评、年度考评和长期考评等。短期考评如周考评、月考评、季度考评等;长期考评如大学教师的聘期考核和高层管理人员的任期考核等。

最常见的也是与本书关系最密切的分类是从考核内容的角度对考核方法进行的分类。从考核内容的角度出发,现有运用于知识员工的绩效考评方法除了包含员工特征、工作行为和工作结果三大类之外,还有较为常见的"混合体"方法(Milkovich,et al.,1994)。

4.1.1 基于员工特征的绩效考评方法

基于员工特征的绩效考评方法最早可追溯到泰勒的动作分析，而此种方法受到普遍重视和广泛运用主要是由于工作性质发生了根本变化。知识经济时代，知识员工逐渐成为主体工作人员，相当一部分知识员工的工作过程往往表现出不可观测性，工作成果不明确、不易量化等，使得传统的基于行为和结果的业绩评价体系受到严峻挑战，对于这类知识员工工作绩效的考评需要从效率和能力等多方面进行。严格说来，基于员工特征的绩效考评方法实际上是绩效预测法，总体而言可以分为能力预测法和个性预测法两大类。

能力预测法的核心是构建能力模型，即找出能够有效预测绩效的能力特质。第一个能力模型在20世纪70年代早期，由著名的心理学家 David McClelland 和一个刚成立不久的咨询公司开发出来。这套能力模型构建方法主导并影响了随后10～15年的能力模型构建。近几十年来，一些咨询机构已经开始用新的方式构建能力模型。虽然能力模型多种多样，但它们与能力概念界定密切相关。总的看来，有3种较为典型的能力模型。第一种以英国学者的主流观点为代表，即工作导向型的能力模型，其能力特质指标的设计主要是通过对各种职业和工作进行分析，以确定完成这些工作所需的能力(Hoffman,1999)。第二种以美国学者的主流观点为代表，即员工导向型的能力模型，继承了 McClelland 的思想，主要思路为能力是业绩的主要决定因素，通过将绩效优秀者与普通业绩者进行比较，找出那些有区别的能力要素，以此建立相应的能力模型，能力分析的中心是"人"而不是"工作"，是任职者的个人属性不是工作任务(Spencer,1993)。第三种是情景依赖的有机能力模型，该模型建立的出发点是个人能力的有效性取决于个人所具有的能力同组织所需要能力的匹配程度。因此，要在具体的组织取得较好的业绩，个人能力中应该具有相当一部分的组织专属能力，这部分能力在不同组织间的可转移性差，这种专属能力同个人能力中的其他通用能力共同构成了个人完整的能力,也就是有机能力(Garavan and McGuire,2001;王勇和许庆瑞,2003)。

个性预测法认为,个性是个体身上特有的,经常性稳定表现出来的心理特征,它是预测和解释人们行为的内在因素。Scotte 和 Motowidlo(1994)的研究表明,经验与任务绩效的相关性比与关系绩效的相关性要高,人格与关系绩效的相关性比与任务绩效的相关性高,这说明经验能更好地预测任务绩效,人格能更好地预测关系绩效。Borman 和 Motowidlo(1997)的研究也指出,人格可以较好地预测关系绩效,而能力可以较好地预测作业绩效。目前"大五"人格和绩效的关系是研究的热点,学者们提出了个性的"大五"因素。一些元分析报告指出,个性"大五"维度确实与工作绩效有关,尤其是"责任意识"有比较高的预测效度(Hough,et al.,1990;Tett,et al.,1991;Barrick and Monnt,1993;Piedmont and Weinstein,1994;Dunn,et al.,1995;Salgado,1997)。Cheung(1996)等通过跨文化研究,提出了中国人独立于"大五"之外的第六个人格"人际关系取向",形成了中国人个性量表(Chinese personality assessment inventory,简称 CPAI)。甘怡群(2002)等利用 CPAI 进行研究,结果也证实了人格特点与工作绩效的相关关系。但是,学者们也注意到"大五"对于不同职务工作绩效的预测效度不同,甚至不同研究者对同一职务所得到的结果也不一致,这里面除了研究方法造成的差异以外,应该还有内在的原因。这就是许多研究者关注的"人格"与职务绩效关系之间的中介变量和调节变量。已有研究发现,目标设置能够起到人格对绩效影响的中介作用,而工作自主性以及奖励是人格与工作绩效之间的调节变量(Barrick and Mount,1991;Stewart,1996)。此外,其他情景变量,如组织文化、团队氛围也可能在二者之间起到调节作用。

基于员工特征的绩效考评方法虽然备受关注,但其有效性却受到广泛质疑,主要原因有以下3个方面。第一,此方法实际上是一种绩效预测法,其重点主要是回答这个人怎么样,而不是事做得如何,能力和个性毕竟不是工作绩效,员工特征与其工作行为和工作结果之间往往缺乏确定的联系。第二,多数学者研究此问题的初衷是从能力或人格的角度为人才选拔和人员招聘提供一种有效的工具,并且验证此工具的效标也往往是候选人以后的实际工作业绩,如果用基于员工特征的绩效考评方法对个体工作绩效进行测评,那就陷入了循环验证的困境。第三,能力和个性本身是难以测评的,它们往往冠以能力特质的标签,需要借助行为表现和行为结果来评价。从这个意义上说,基于员工特征的绩效考评方法甚至不能被视为一种独立的评价方法,当然这种观点值得商榷,毕竟这种方法的测评结果有一定的预测作用,对于人力资源管理工作也很重要。

4.1.2 基于工作行为的绩效考评方法

对于工作行为类绩效考评方法的研究始于20世纪60年代,经过20年的研究,在20世纪80年代成为绩效考评方法的主流,至今,仍然是管理实践和理论研究的热点。具体的行为类考评方法很多,我国学者张一弛(2002)将其分为主观评价和客观评价两类,前一类是指评价者根据员工工作行为在对员工进行相互比较的基础上对员工进行排序,提供一个员工工作相对优劣的评价结果,此类方法有简单排序法、交替排序法、成对比较法等。后一类是指评价者将员工平时的表现和预先制定的行为标准进行对照,对员工进行评价,此类方法包括等级鉴定法、关键事件法、行为锚定法等。基于行为的绩效考评方法兴起的主要原因有两个,一是行为的结果常常受到个人控制之外因素的影响(如工作环境等);二是在许多职务中,根本就没有良好的客观绩效结果指标。尽管行为类考评方法运用较为广泛,但是其适用条件是有严格限定的。只有当手段-结果关系显性、知识转化程度高时,基于行为的绩效考评方法才比较有效(Ouchi,1979;Lee,1985)。显然,相当部分知识员工的工作特征几乎与此相反,所以,对这些知识员工的任务绩效采用基于行为的考评方法并不多见。目前,已有的研究主要集中在两个方面。

第一，对于事务类知识员工（基层管理人员、一般管理人员、会计等）的绩效考评，基于行为的方法仍然是比较有效的，如工作抽样法、工作日志法等被证明可以较好地测量部分知识员工的绩效。工业工程中的传统方法，如 Mundel(1983)等人提出的工作单元分析法，Brisley(1983)等人提出的操作职能分析法，Overby(1983)等人提出的混合时间测量法(MMM)等也仍在被运用。

第二，对知识员工关系绩效的评价。自从 Borman 和 Motowidlo(1993)提出任务绩效和关系绩效的二维绩效模型之后，关系绩效开始受到越来越多的关注，由于知识员工工作中团队方式较为盛行，对知识员工关系绩效的评价也就显得更加重要。对关系绩效的评价有两种典型的方法，一种是用人格或个性对其进行预测；另一种就是利用关键事件技术开发出行为评价量表，以此评价关系绩效。

4.1.3 基于工作结果的绩效考评方法

虽然部分知识员工的绩效结果具有不易量化、风险性等特点，但基于结果的绩效考评方法仍然有不同程度的运用，在某些领域，甚至成为主要方法。根据方法的定量化程度，可以将知识员工基于结果的绩效考评方法归纳为两大类。

第一类是以主观分析和定性评价为主的方法。其中最具代表性的就是同行评议法，同行评议法在知识成果鉴定、科研项目审批等方面广泛应用。国外学者 Chubin 和 Hackett(1990)、Gibbons(1985)等人对该方法的优点和存在的问题进行了较充分的分析，并提出了提高其有效性的建议。我国学者许庆瑞等(2002)、孟凯韬(2000)、龚旭(2004)等人也做了相关研究。

第二类是以定量评价为主的方法，其中最为典型的方法就是目标管理法。这类方法要求设置的工作标准必须是可以衡量和可以观测的，目标设定要遵循 SMART 原则。这类考评方法具体可进一步细分为科学计量学方法、经济学方法以及"纯数学"方法等。科学计量学方法主要用于知识成果的评价，包括科学计量学、文献计量学、情报计量学以及信息计量学方法。它们主要通过分析论文的数量、质量、被引频次、专利授权数等来评定知识员工的绩效。经济学方法主要包括生产函数法、投入产出法和财务指标法(如经济增加值法、销售额、利润)等(Jamali, 1983)。"纯数学"方法并不是说它就是解数学问题的方法,而是说在评价员工绩效时较多地运用数学工具,使得评价结果的量化程度较高,如模糊综合评判法、数据包络分析法等(刘刚和顾培亮,2002;肖媛,2004)。实际上"纯数学"方法要取得好的效果,也必须与定性分析相结合,比如评价指标的合理设计、指标值的判断取舍、工作单元的确定等都不是靠数学所能够完全解决的。

工作结果类绩效考评方法的最大优点是既提出了组织对员工工作标准的具体要求,又没有对工作方式做出机械的规定,从而将组织目标和员工的工作自主性有机结合起来。同时由于工作标准较为明确具体,评价过程中评价者的主观性判断和认知偏差就相对较少,使得被评价者感到考评结果更加客观。但这类绩效考评方法在实际运用中也存在5个主要问题:一是有些工作难以找到衡量工作结果的指标;二是有些工作结果受外界因素影响大,将员工不可控的工作结果作为评价指标显然不合理;三是绩效考核时只关注工作结果,不利于绩效改进的指导,即不知道以后应该怎样做才能改进绩效;四是绩效考核时只评价工作结果,容易使被评价者为了达到目标而不择手段,这些手段(行为方式)可能不是组织所期望的,或者长远来看对于组织和个人都是有害的;五是结果评价是一种典型的事后控制,往往不能及时纠正偏差。

4.1.4 "混合体"考评方法

由于上述3类绩效考评方法都有各自的不足之处和一定的适用范围,对于某些知识员工(如绩效行为不可观察、工作结果不具体的员工),不少学者认为仅仅评价其能力,或者工作努力程度,或者工作结果都是不合适的,这类知识员工中较为典型的是部分基础研究人员和高层管理人员。基础研究人员和处在市场快速变化中的企业高管,对于他们的绩效考核往往从员工特征、工作行为以及工作结果多方面进行评价,实践中就存在由上述多种评价方法组合在一起进行绩效评价的"混合体"考评方法。例如,部分学者建议采用"R&D 有效性"这一综合指标对 R&D 人员进行评估,该指标既有对研究者行为和特质的考核内容(如团队协作精神),也有对工作结果的量化考核[如技术有效转移、合适的财务指标等(Paul, et al., 1995)]。Brown(1999)认为应该将 R&D 部门看成一个系统,考核分为 3 个层次:一是以定性控制为主的过程考核;二是对诸如专利、产品、出版物、事实/知识等工作产出进行考核,从数量、质量以及成本等 3 个维度展开;三是完全根据市场反馈的客观数据对销售额提升率、成本降低率等工作结果进行考核,这种对 R&D 部门的考核思想在某种程度上也可以指导 R&D 个体考核。从本质上讲,上述 R&D 个体"有效性"考核法、系统考核法都属于"混合体"考评方法的范畴。由此可见,"混合体"考评方法是员工特征类考评方法、工作行为类考评方法和工作结果类考评方法的某种组合,即员工特质-工作行为平行考评法、员工特质-工作结果平行考评法、工作行为-工作结果平行考评法、员工特质-工作行为-工作结果综合体法。在多种组合中,每种组合对任一子方法的重视程度根据考核对象的绩效特征而确定。

4.2 权变管理理论的核心思想及启示

"权变"一词对应的英文是"contingency",其基本含义是"随机制宜"或"随机应变"。虽然从人类的管理实践来看,在管理中采取权变原则和权变方法有着悠久的历史,但采用科学的方法对这一原则进行研究,进而将其整合成一种管理思想体系,形成权变管理学说则是在 20 世纪 60 年代才在西方开始。权变管理理论的形成主要来源于两大领域,一是组织结构研究,二是领导方式研究,学者们经过对这两大领域的大量案例和实证研究,形成了一系列的权变管理观点。与此同时,该理论的运用范围进一步扩展,除了在最初的组织结构和领导方式领域,还在诸如战略、计划、决策等管理领域取得了丰硕的成果。权变管理理论成为西方20世纪七八十年代具有代表性、综合性和普及性的管理理论(盛宇华,1995)。

权变理论的内容较为庞杂,该理论最终形成的标志是美国的Fred Luthans教授在1973年和1976年分别出版的两部著作:《权变管理理论:走出丛林的道路》和《管理导论:一种权变学说》。Fred Luthans把过去的管理理论划分为4种学说:作业学说、计量学说、行为学说和系统学说。他认为在这几种学说中,即使是重视环境影响的系统学说,也没有把管理技术与管理环境妥善地联系起来。同时,这些学说的代表人物都强调他们的学说具有普遍适用性。而实际上,上述任何一种学说特有的管理观念和技术都不是万能的,都只是在特定条件下才会有效。权变管理理论认为,没有一成不变、普遍适用的"最好的"管理理论和方法,只有在限制条件下"最好的"管理理论和方法。一种管理方法在一种实践的环境下是有效的,换了另一种实践环境就不一定有效,甚至可能由最好的变为最坏的。管理理论、方法和技术使用的有效性取决于它与管理情境是否匹配,并且这种匹配规律是否客观存在。这种匹配规律要求在不同的管理情境中要采取不同的管理方法和技术,这就是权变管理最为重要的思想(文章代和侯书森,1999)。

Fred Luthans在论述权变学说时指出,如果从"contingency"的字面意义来理解,很可能把权变管理看成是一种紊乱的、非科学的、凭感官判断的、随意的学说。实际恰恰相反,他认为,权变管理结构有3个主要部分:环境变量、管理变量、权变关系。所谓权变关系是指独立的环境变量同从属的管理变量间的函数关系,这是权变管理的核心。权变管理就是考虑使采用的管理观念和技术能有效地匹配环境变量,从而达到管理的目标。把权变关系看作是一种"如果-那么"的函数关系,"如果"是自变量,"那么"是因变量,在权变管理中,通常的情况是,环境是自变量,而管理的观念和技术是因变量。换言之,如果存在某种环境条件,那么对达到目标来说,某种管理的观念和技术将比其他的更加有效,权变理论的研究内容就是寻找管理实践中这些为数众多的权变关系(匹配规律)。

从上面论述可以看出,权变理论虽然是对"存在着普遍管理原则"观点的否定,但它通过研究并提出环境因素与管理方式之间存在着的具体权变关系,实际上表达了在"一定的环境条件"这一根本前提下,存在着最适于实现组织目标的管理方式这一核心观点。正如Fred Luthans所言:如果环境条件确定,那么存在着比其他方法更为有效地实现组织目标的管理思想和方式。可见,所谓权变理论对"普遍性原则"的否定,只是就其不顾具体条件而言的;权变理论依然寻求"最佳的"理论和方法,只不过永远是在具体的环境条件下。从这一点来说,权变理论不是一般意义上的"随机应变",更不是权宜之计,它是在"不顾条件的普遍主义"与"毫无原则的机会主义"之间取"其中",这正是权变理论的微妙之处。

权变管理理论在领导方式、组织结构设计、人力资源管理等方面获得了广泛运用,从理论角度分析,员工绩效评估作为现代人力资源管理的重要内容和核心工作,要实现其有效性,也应该有权变管理的思想。实际上,在绩效考评方法的论述中,不少学者指出任何一种考评方法都不是万能的,他们都有一定的适用条件,其实质就是要求选择和设计的绩效考评方法要与管理情境相匹配,才能取得理想的效果,这与权变管理的思想是高度一致的。在实践中,尽管人们往往不自觉地在根据各类人员的绩效特征来设计和选择考评方法,但理论指导显得有些不足。有学者对近年来在北京、广东、云南、内蒙古等地的一些大型企业开展的绩效评估工作进行回顾总结时发现,个性化、具有针对性的员工绩效评价一般都取得了较好的效果,而如果绩效评估方法的选择和设计缺乏针对性和适应性,绩效评估往往会失效(方振邦和叶向锋,2002)。因此,将"权变观"融入绩效评估方法的设计和选择中,是保证绩效评估有效性的重要内容。

在本研究中,设计和选择绩效考评方法时需要考虑的主要因素——绩效特征,是权变管理结构中的环境变量,而具体的绩效考评方法就是权变管理结构中的管理变量,绩效特征和绩效考评方法的匹配规律就是权变管理结构中的权变关系。Fred Luthans(1976)表明,要确定权变关系是很复杂的,而且,即使一种权变关系在经验上得到证实,它也只不过是确定和贯彻管理行动所需要的很多个输入中的一个,实际的管理活动是多维的复杂事物,众多的权变关系需要逐步加以探明。到目前为止,已被经验明确证实的权变关系虽然不多,研究的道路是漫长的,但也是充满潜力和希望的。因此,可以认为本研究只是在绩效考评权变管理研究的漫长道路上迈出了一小步。

4.3 基于绩效特征的考评方法权变选择模型构建

构建基于绩效特征的考评方法权变选择模型,就是提出绩效特征与考评方法相匹配的系列研究假设。

4.3.1 模型构建的理论基础

不同的绩效行为可评价性-绩效结果具体性特征下的考评方法权变选择主要基于以下基本理论:绩效生成的系统权变理论、绩效评价指标的无噪声标准理论、风险分散理论,以及工作类型-考评方法匹配假说。

4.3.1.1 绩效生成的系统权变理论

一般开放系统认为,每个生存的系统都是接受足够的资源投入,并经过一系列独特的资源转换和附加效用的作用过程,最终通常为一个附属系统或超系统提供所能接受的产出。绩效生成系统也不例外,它是由员工的资源禀赋投入(R)、资源转换行为(B)、工作产出(O)3部分组成,其中资源转换行为转化为工作产出还会受到外部环境的影响,如图4-1所示。在这一绩效生成系统中,资源投入是指与工作产出相关的各种知识、能力、技能以及个性特质等禀赋性资源,一般员工的禀赋资源包括工作知识、专业技能、人际技能、领导能力、创新能力、成就欲望、忠诚度、诚实性以及团队精神等。资源转换行为是指员工为了实现工作目标和履行岗位职责,通过利用、把握、转换、再加工各种资源和内外部机会创造组织和客户价值的一系列行为组合。它通常包括员工的努力程度和努力方向、维护设备、按时出勤、服从命令、遵守规范、保守组织机密等。工作产出就是员工的工作结果,这种结果既包括经济上的产出,也包括非经济性的收获,衡量指标常常包括利润率、销售额、生产质量、事故率、客户满意度、员工满意度等(赵曙明,2003)。

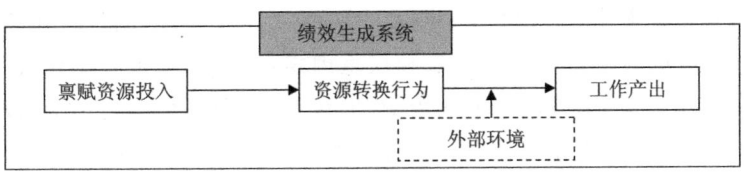

图 4-1　绩效生成系统

赵曙明(2003)认为,根据绩效生成的系统模型,可以构建绩效评估的计算公式。

$$P_R = \sum_{i=1}^{n} W_{R_i} R_i \qquad (4\text{-}1)$$

$$P_B = \sum_{i=1}^{m} W_{B_i} B_i \qquad (4\text{-}2)$$

$$P_O = \sum_{i=1}^{k} W_{O_i} O_i \qquad (4\text{-}3)$$

$$P = W_1 P_R + W_2 P_B + W_3 P_O$$
$$= W_1 \sum_{i=1}^{n} W_{R_i} R_i + W_2 \sum_{i=1}^{m} W_{B_i} B_i + W_3 \sum_{i=1}^{k} W_{O_i} O_i \qquad (4\text{-}4)$$

式(4-1)~式(4-3)中的 P_R、P_B、P_O 分别是员工资源禀赋总投入、资源转换行为、工作产出对总体绩效的贡献;W_{R_i} 为员工第 i 种资源禀赋价值在各种资源禀赋总投入价值中的权重;W_{B_i} 为员工第 i 种工作行为的价值在各种资源转换行为总价值中的权重；W_{O_i} 为员工第 i 种产出指标在总产出价值中的权重；R_i、B_i 和 O_i 分别是指员工第 i 种资源禀赋投入、第 i 种工作行为和第 i 种产出结果；W_1、W_2 和 W_3 分别是指员工的资源禀赋总投入、资源转换行为和工作产出在总体绩效水平中的权重。

针对多样化的考评对象或者说绩效特征不同的考评对象，资源禀赋投入、资源转换行为和工作产出在总体绩效水平中的权重应发生相应的变化，这样才能较为全面、准确地反映其绩效水平。赵曙明(2003)在其著作中写道："例如，对于普通的工人，其工作产出指标，如产品数量和质量等就可以衡量其工作绩效；而对于基础研究人员，则还需要重视其资源禀赋价值。一般而言，对于第一线生产工人，P_O 和 W_3 成为主要的考评要素和权重因素，而对于从事基础研究工作的人员而言，则难以简单地用 P_O 进行考评，必须全面利用 P_R、P_B 和 P_O 来考核才能起到激励员工的效果。"

赵曙明(2003)表明绩效生成的系统权变理论为解决人力资源管理过程中的绩效评估提供了一般性的方法和思路，但在具体的评估实践中仍然会遇到诸多困难和挑战，其中主要的挑战包括：如何根据评估对象的主体特征和行为性质进行评估方法与技术的组合、指标的选择、权重的确定。本部分研究正是沿着这条思路尝试迎接这一挑战。

4.3.1.2 绩效评价指标的无噪声标准理论

根据绩效行为和工作结果的特征选择考评方法，其本质是确定考评内容，而考评内容是由一系列评价指标构成，对于绩效考评指标的选取标准，学者们的论述成果丰硕。

Blum 和 Naylor(1968)建议绩效评价标准应当是成本低廉的、可理解的、可测量的、有关的、无污染的、无偏差的和具有区分度的。Ivancevich 等人(1980)则指出：绩效评价标准应具有 4 种属性，分别是与个人和组织有关、稳定的或可靠的、能够区分出好绩效与差绩效、实用的。Kane 与 Lawler(1980)从可测量的角度提出了 6 条选择评价指标的原则,即确定性、可能性、可观察性、无污染性、排他性、可验证性。Patricia(1983)则认为,评价指标应当满足 3 个条件:其一是与个体、组织或社会需达成的某些重要目标有关,即对评价指标的测量既不应受到无关方的污染,还要能充分解释组织和个体想要实现的重要目标,测量不应是有偏差的或微不足道的;其二是可靠性,即在不同时期采用不同的(或可能明显类似的)测量方法所做出的评价一致性;其三是实用性,即将要使用评价指标做决策的人必须认为评价指标是现实的、合乎情理的和可接受的。Sherman 等人(1998)提出,在确立绩效评价标准时应考虑 4 个要素,即与组织战略的相关性——标准与组织战略目标的关联度,标准的覆盖面——标准涵盖雇员全部责任范围的程度、标准的纯洁度、可靠性。Hedge 和 Teachout(2000)则强调用户的可接受性对于整个评价系统的成功与继续使用的意义。从以上关于绩效评价标准的论述中可以发现,评价指标的无污染性(纯洁性)反复被提及。评价指标的无污染性是指评价指标的完成情况基本不受被评价者之外因素的影响,它是评价指标无噪声最为典型的一种形式。

评价指标的噪声一般被理解为该指标包含了较多被评价者不可控的因素。支晓强(2004)认为,评价指标的噪声除了被评价者不可控因素这一根源外,还包含当评价者与被评价者之间存在信息不对称,或者信息获取成本较大时,被评价者利用信息不对称来粉饰评价指标的完成情况,由于评价者处于信息劣势,从而难以做出准确评价,这种存在严重信息不对称的指标也同样产生噪声。在评价工作中,用有噪声的指标进行评价难以做到准确客观。

4.3.1.3 工作特点与考评方法匹配假说

前文在论述考评内容视角分类的各种考评方法时,对于考评方法适用的工作有所提及,而对于工作特点和考评方法的匹配问题进行较为集中的论述则是 Cynthia Lee 和 Michael Raith 两位学者。国内学者也有提及,这些学者普遍认为当工作特点和考评方法相适应时,考评将会更加有效或者管理效果将会更好。

Lee(1985)用工作知识转换程度的高低和结果评价可获得性的高低组合将工作分为4种类型,同时认为考评方法可以分为行为类方法和结果类方法两大类。Lee(1985)在上述分类的基础上进一步建议,对于工作知识转换程度高、结果评价可获得性高的工作,应该采用结果考评法或者行为考评法;对于工作知识转换程度高、结果评价可获得性低的工作,应该采用行为考评法;对于工作知识转换程度低、结果评价可获得性高的工作,应该采用结果考评法;对于工作知识转换程度低、结果评价可获得性低的工作,则只是强调在招聘时应该广泛而严格地筛选,加入组织后则需要持续的培训。Lee(1985)的研究抛开了以往只就考评方法本身进行孰优孰劣的争论,而是结合工作类型这一情境因素来讨论考评方法的相对有效性,被 Guion 和 Gibson(1988)认为很可能会开创绩效考评的新时代。遗憾的是,后续研究并没有对 Lee 的上述系列命题进行操作化定义和实证检验,对于工作知识转换程度低、结果评价可获得性低的工作应该采用什么考评方法,Lee 也没有给出正面的建议。针对这类 Lee 认为难以考评的工作,Feldman(1986)认为各种评价方法,如行为类方法和结果类方法有必要被一起使用。Raith Michael(2004)在研究代理人的报酬支付时也提出了与 Lee 类似的观点,他认为当代理人的专业知识越丰富,委托人对代理人的工作行为是否有效越不能准确认定,此时按照工作结果(output)付酬将更为有效;当代理人的工作隐含的不确定性因素越多,为了尽量消除绩效的噪声污染,按照工作行为和知识技能付酬将更加有效,这里的不确定因素包括环境的不确定性和技术的不确定性。

我国学者张一弛(2002)认为,在选择绩效考核方法时,工作的独立性、程序性和环境的稳定性是需要考虑的3个要素,如果工作越独立、越复杂、外部环境越稳定,那么适用于采取结果导向的考评方法,反之,则宜采用行为导向的方法。王蕾(2004)认为,工作的结构化程度、工作的复杂性、工作目标的可量化程度以及工作环境的稳定性是选择考评方法时应考虑的要素,工作结构化程度高、工作复杂程度低、工作目标的可量化程度低以及工作环境不稳定时都宜采用行为类考评方法,反之,则宜采用结果类方法。

上述工作特点-考评方法相匹配的系列命题,尽管在对工作特点的概括上不尽一致,并且缺乏调查数据的验证,但对于提出绩效行为-工作结果特征和考评方法相匹配的研究假设具有直接的指导价值。

4.3.2 4种典型绩效特征的知识员工绩效考核方法选择假设

按照绩效行为-绩效结果特征,即绩效行为可评价性和绩效结果具体性方面的"显性"和"弱性"差异,可以将知识员工分为4类,如图4-2所示。第Ⅰ类知识员工绩效行为可评价性和绩效结果具体性都是"弱性",第Ⅱ类知识员工绩效行为可评价性"弱性"、绩效结果具体性"显性",第Ⅲ类知识员工绩效行为可评价性和绩效结果具体性都是"显性",第Ⅳ类知识员工绩效结果具体性"弱性"、绩效行为可评价性"显性"。

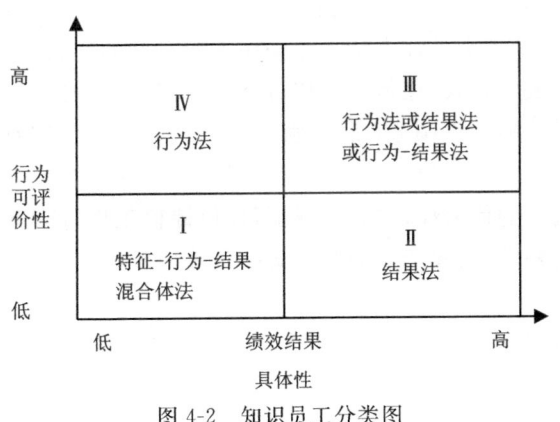

图4-2 知识员工分类图

对于第Ⅰ类知识员工,由于其绩效行为可评价性和绩效结果具体性都比较低,根据绩效生成的系统权变理论和风险分散理论,仅仅考评员工特征、工作行为、工作结果的任何一个方面,都难免产生片面的结论,基于此,提出研究假设1。

研究假设1:总体而言,对于绩效行为可评价性和绩效结果具体性都比较低的知识员工,员工特征-工作行为-工作结果综合考评法比其他考评方法的可接受程度更高。

常见的绩效考评目的方法有三分法和二分法,三分法通常认为绩效考评主要用于管理决策、员工发展和文件备案。其中,管理决策包括职务调配、薪酬发放、招聘解雇等,员工发展包括业务培训、工作辅导、职业规划等,文件备案包括档案管理、法律应诉、人事研究等(Schuler and Huber,1993)。二分法则认为,绩效考评主要用于行政和开发两个方面,其内容分别与三分法中的管理决策和员工发展基本对应(赵曙明,2003)。从绩效考评目的的三分法和二分法可以看出,绩效考评常常服务于管理和开发,在实践中,绩效考评具体运用于薪酬发放和工作辅导更是较为常见。

不少学者认为,工作行为类考评方法关注任务完成的方式,它提供的绩效反馈信息对工作辅导更加具有针对性。而员工特征类考评方法的评价结果往往比较笼统抽象,较难为员工提供具体的绩效反馈信息;工作结果类考评方法重点关注工作目标的完成情况,而较少考虑工作完成的方式,在员工工作目标没有完成时,也不易告知以后应该怎样做才能改进绩效(张一弛,2002)。对于绩效行为可评价性和绩效结果具体性评价都比较低的知识员工,由于工作行为对绩效并不具有良好的代表性,在此情况下,仅仅评价工作行为并不符合其绩效特征的要求,由此产生的风险集中负效应较大。基于此,提出研究假设1a。

研究假设1a:对于绩效行为可评价性和绩效结果具体性都比较低的知识员工而言,当绩效考评目的是以工作辅导为主时,员工特征-工作行为-工作结果综合考评法仍然是可接受程度最高的方法。

对于第Ⅱ类知识员工,由于其绩效行为可评价性较低,根据绩效评价指标的无噪声标准理论,此时采用员工特征或者工作行为或者

"混合体"考评法,容易产生噪声;但由于此类知识员工绩效结果具体性比较高,根据绩效生成的系统权变理论和工作特点-考评方法匹配假说,比较适宜采用结果类考评方法。基于此,提出研究假设2。

研究假设2:总体而言,对于绩效行为可评价性较低、绩效结果具体性较高的知识员工,工作结果类考评法比其他考评方法的可接受程度更高。

如前文所述,工作结果类考评方法重点关注工作目标的完成情况,难以告知员工在工作目标没有完成时应该怎样做才能改进绩效;与之相对应,工作行为类考评方法更加有助于提供工作辅导所需要的绩效反馈信息。但对于绩效行为可评价性较低、绩效结果具体性较高的知识员工,由于评价其工作行为容易产生噪声,那么增加行为评价对考评目的为工作辅导的正效应可能还没有其产生的噪声负效应大,所以,对于该类知识员工,即使绩效考评目的是以工作辅导为主,也仍然应该采用工作结果类考评方法。基于此,提出研究假设2a。

研究假设2a:对于绩效行为可评价性较低、绩效结果具体性较高的知识员工,当绩效考评目的是以工作辅导为主时,工作结果类考评法的可接受性比考评目的是以薪酬发放为主时要低,但仍然是最宜采用的考评方法。

对于第Ⅲ类知识员工,由于其绩效行为可评价性和绩效结果具体性都比较高,根据绩效评价指标的无噪声标准理论,此时采用员工特征类考评方法,或者包含员工特征类指标的"混合体"考评法,容易产生噪声。根据绩效生成的系统权变理论和工作特点-考评方法匹配假说,比较适宜采用结果类考评方法,或者行为类考评方法,或者结果类-行为类考评方法。基于此,提出研究假设3。

研究假设3:总体而言,对于绩效行为可评价性和绩效结果具体性都比较高的知识员工,结果类考评方法,或者行为类考评方法,或者结果-行为类考评方法都较为适宜,它们比其他考评方法的可接受程度更高。

如前文所述,从考评方法对工作辅导的有利性而言,行为类考评方法比工作结果类考评方法更加有助于提供工作辅导的反馈信息。对于绩效行为可评价性和绩效结果具体性都比较高的知识员工而言,行为类考评方法与其绩效特征相匹配,即不采用其他方法也不会产生风险集中的负效应。基于此,提出研究假设 3a。

研究假设 3a:对于绩效行为可评价性和绩效结果具体性都比较高的知识员工而言,当绩效考评目的是以工作辅导为主时,工作行为类考评法、行为-结果类考评法比其他考评方法的可接受程度更高。

对于第Ⅳ类知识员工,由于其绩效结果具体性较低,根据绩效评价指标的无噪声标准理论,此时采用员工特征,或者工作结果,或者包含此类指标的"混合体"考评法,容易产生噪声。但此类知识员工绩效行为可评价性比较高,根据绩效生成的系统权变理论和工作特点-考评方法匹配假说,比较适宜采用行为类考评方法。基于此,提出研究假设 4。

研究假设 4:对于绩效行为可评价性较高、绩效结果具体性较低的知识员工,工作行为类考评方法比其他考评方法的可接受程度更高。

综上,不同绩效特征下应选择的考评方法用"√"标识出,如表 4-1 所示。

表 4-1 绩效特征与考评方法匹配的研究假设汇总表

绩效特征				考核方法					
				①	②	③	④	⑤	⑥
绩效行为可评价性	显性	绩效结果具体性	显性	√	√		√		
			弱性		√				
	弱性	绩效结果具体性	显性	√					
			弱性						√

注:表 4-1 中考评内容视角分类法中的"①""②""③""④""⑤""⑥"分别代表结果类考评方法、行为类考评方法、员工特征类考评方法、结果-行为平行考评方法、结果-员工特征平行考评方法、结果-行为-员工特征综合体考评方法。

4.3.3 R&D人员绩效考核方法选择假设

鉴于R&D人员的重要性以及对其进行绩效考核的必要性,不少学者已经在这方面开展了研究。Werner和Souder(1997)专门针对不同类型的R&D活动,提出了以定性评价、定性-定量评价平衡、定量评价为主的考评思路。许庆瑞(2002)、陈劲(2004)、曾德明(2004)、王宗军(2008)等与Werner和Souder的观点也有相似性。遗憾的是,很少有研究对上述学者提出的理论或者假设进行操作化定义和实证检验。本研究在第3章对R&D人员绩效特征实证分析和对R&D人员分类的基础上,根据4.3.2的理论提出R&D人员可能应选择的考核方法。

Ⅰ类R&D人员的绩效行为可评价性为"弱性",绩效结果可评价性为"中性",根据绩效生成系统权变理论和绩效评价指标无噪声理论,行为类考评指标不应采用,而结果类指标应予以适当考虑但也不能以结果类指标为主。在实际考评工作中,对于Ⅰ类R&D人员(主要是基础研究人员),尽管学者们不主张进行严格的行为考评(例如不对作息制度绩效进行硬性规定等),但大多认为需要进行计划跟踪或者过程控制,而计划跟踪和过程控制往往采用书面鉴定或者定期检查的形式(宋建元等,2004;李正风,2005)。Ⅱ类R&D人员的绩效结果可评价性为"显性",绩效行为可评价性为"中性",根据绩效生成系统权变理论和绩效评价指标无噪声理论,对其考评应以结果类指标为主,行为类指标为辅。

综上所述,本书就不同类型R&D人员关于绩效考评方法的权变选择提出研究假设5:对于Ⅰ类R&D人员,结果考评和书面鉴定平衡法是最为合适的考评方法;对于Ⅱ类R&D人员,以结果类指标为主行为类指标为辅是其最为认可的考评方法。

4.4 本章小结

本章从考核内容的视角介绍了绩效考评方法的分类,总结了权变理论的核心思想及其对基于绩效特征的考评方法选择的启示,最后从理论上提出了不同考评方法与差异化绩效特征的匹配关系。

从考评内容的角度,可以将考核方法分为员工特征类、工作行为类、工作结果类,以及"混合体"方法。权变管理理论认为,没有什么管理理论是一成不变、普遍适用的"最好的"管理方法,管理方法使用的有效性取决于它与管理情境是否匹配,这也是权变管理最为重要的思想。权变管理要解决的核心问题是权变管理结构,该结构的3个主要部分是环境变量、管理技术、权变关系。通常情况下,环境是自变量,而管理技术是因变量,所谓权变关系是指独立的环境变量同管理技术之间的函数关系,这是权变管理的核心。在本研究中,绩效特征是权变管理结构中的环境变量,各种绩效考评方法是权变管理结构中的管理技术,绩效特征和绩效考评方法的匹配规律就是权变管理结构中的权变关系。

构建绩效考评方法与绩效特征的匹配模型,就是提出考评方法与绩效特征相匹配的系列研究假设。依据绩效生成的系统权变理论、绩效评价指标的无噪声标准理论,以及工作类型-考评方法匹配假说,本章提出了绩效行为可评价性、绩效结果具体性不同特征下应选择的考评方法。此外,还考虑了绩效特征之外的绩效考核目的这一影响考评方法选择的其他环境因素,并提出相应的研究假设。对于绩效特征不是很典型的 R&D 人员,本章也在理论上分析了宜采用的绩效考核方法。

5 匹配模型的检验

本章首先探讨了匹配模型的检验标准,之后介绍了模型检验的方法、变量测量,以及数据采集过程,然后就知识员工对现行考评方法的接受情况,以及不同岗位的知识员工期望的考评方法做了描述性统计,最后利用调查所取得的数据对第 4 章中的系列研究假设进行了检验和讨论。

5.1 匹配模型的检验标准

"绩效评价系统的有效性"在人力资源文献中屡见不鲜,但对其明确的定义却不多见,更难找到一个统一的表述。Longenecker 和 Goff(1992)认为,有效的绩效评价是指绩效评价的功能得到了较好的实现,组织成员对其持积极的态度。唐晓华(2006)认为,绩效考评有效性是指组织的考评结果能够真实、全面地反映考评对象的工作情况,具有公平性、公正性和与实际情况的一致性。王蕾(2004)认为,绩效评估有效性是指对员工进行评估所获得的评估结果的准确性和合理性,以及这种评估结果运用对员工绩效改进的效用。从这些论述中可以看出,绩效评价有效性是一个内涵较为宽泛的概念,至少包含 3 个方面内容,即绩效评价结果本身的有效性、员工对其态度,以及绩效评价目的达到程度。这 3 个方面内容是层层递进的,没有有效的评价结果,员工不可能持积极态度,组织的绩效评价目的也难以达到。从绩效评价方法与这 3 个方面的联系来看,与之有密切关系的方面当属评价结果的有效性和员工的态度,也有学者称其为技术标准和社会标准(张一驰,2002),其中技术标准包括绩效评价的信度、效度、敏感性、评价误差等,社会标准包括绩效评价公平感、满意度、可接受性、实用性等。

5.1.1 绩效评价系统有效的技术标准

信度是指测量结果或者评价结论的可靠性程度,它是就测量和评价的稳定性和一致性而言。绩效评价的信度常常包含评价者信度、再测信度,以及评价工具内部一致性信度。评价者信度是指多个评价者利用同一评价工具对同一个被评价者独立评价时评价结果的一致性程度,通常用评价者评价结果间的相关系数来表示。再测信度是指用同一评价工具在两个不同时间对同一被评价者的评价结果的一致性程度,通常用两次评价结果间的相关系数来表示。评价工具内部一致性信度是指评价工具所含评价项目测量同一绩效特质的程度,通常用 α 系数表示。绩效评价的信度很重要,它是评价结果有效性的必要条件。

效度是指正确性程度,即评价或测量结果反映测量对象实际情况的准确性程度。绩效评价的效度通常包括内容效度、结构效度和战略目标一致性。绩效评价内容效度也称关联性或者明确性,用于评价指标与工作内容和工作绩效相关联的程度,它通常以科学的工作分析为基础,明确绩效构成要素,从而确定关键绩效指标,绩效评价的内容效度往往依靠专家来判断。绩效评价的结构效度是指评价内容能够反映工作绩效不同方面的程度,通常采用同质异法和异质同法评价结果间的相关系数来判定。绩效评价的战略目标一致性是指绩效评价要为组织的总目标服务,成为促进组织目标实现的导向性工具,起到塑造员工价值观和引导工作行为指挥棒作用。绩效评价工具的效度是评价系统有效性的重要因素,没有效度的绩效评价工具的评价结果不可能准确,评价系统的有效性也就无从谈起。

敏感性是指绩效评价系统区分不同绩效水平员工的能力,在有些文献的表述中,将其称为区分效度,通常用评价结果的分布形态和离散程度来表示。例如,评价结果的标准差越大,说明评价的敏感性越高;呈扁平分布的评价结果比呈高耸分布的评价结果具有更好的区分度。绩效评价的敏感性之所以重要,是因为随着工作复杂性的提高,员工个人之间的绩效差异随之增大(Hunter, et al., 1990),绩效评价需要甄别出他们绩效水平的差异,否则会使工作业绩突出的员工产生不公平感,挫伤他们的工作积极性(张一驰,2002)。

评价误差是一种在判断过程中产生的系统性误差,是指考评者在评价过程中产生的结果与不受偏见或其他主观、不相关因素影响的客观的评价结果之间的差值(Gary and Kenneth, 1994)。常见的评价误差有精确性误差、晕轮误差、趋中误差、过宽/过严误差等。精确性误差是指考评者在经过一段时间(行为观察和绩效考评之间的间隔时间)之后无法判断被考评者的行为是否确切发生过。研究证实,在不确定的情况下,回忆和识别考评信息会有偏差(Nathan and Lord, 1983)。Feldman(1981)指出,精确性误差会影响整个组织的绩效考评体系。在实际工作中,精确性误差常常被操作化定义为评价者的评价值和评价的真分数(专家的评价值)之间的差值,差值越大表示精确性误差越大。晕轮误差是指从一个人工作绩效的一个方面出发,进而对其绩效的所有方面做出不确切的归纳评判。例如,一个人只在工作的某个方面表现出色,可能被不正确地评价为在工作的所有领域都很出色;反之,如果一个人在工作的某个方面存在不足,这个人可能被不正确地评价为在工作的所有方面都表现不佳。在实际工作中,晕轮误差常常被操作化定义为评价者对各个绩效维度的评价值的标准差,标准差越大表明晕轮效应越小。趋中误差是指考评者有将绩效评价结果定位在考评标准的中间值附近的一种倾向。当员工的绩效清楚地证明,对他的绩效评价应远远高于或低于考评标准的中间值时,考评者却为了安全起见将员工评价为达到或接近考评标准的中间值,这时便产生了趋中误差。在实际工作中,趋中误差常常被操作化定义为评价者的评价值与评价工具(量表)的中间值的绝对离差,绝对离差值越大,表明趋中误差越小。过宽/过严误差是指有些考评者倾向于对被评价者的工作绩效做出较高的评价,而另一些考评者却倾向于总是给被考评者较低的评价。管理者在考评员工时过松或过严就带来了过宽/过严误差,在实际工作中,过宽/过严误差常常被操作化定义为评价者的评价值和评价的真分数(专家的评价值)之间的差值,差值正数大表示过宽,差值负数大表示过严。过宽/过严误差产生的原因是考评者在评价时应用了根据自己的经验或个性得出的评价标准,过宽误差使员工得到过高评价,可能导致员工得到过高的报酬或过容易晋升;而过严误差可能影响员工的积极性,因为无论员工怎么努力都不会让考评者满意而得到高评价。

  绩效评价有效性的技术标准主要是针对评价结果本身而言的,绩效评价方法对评价结果的有效性有直接的影响,从理论上来说,这些标准可以作为权变模型检验的指标。但本书没有采用,主要出于以下3点原因:其一,数据取得存在客观困难,笔者在调研中明显感到中国很多企业并没有很好地保存绩效考评资料,也不太愿意提供绩效考评数据。另外,对于本研究中不同考评方法在不同绩效特征情境下效果检验,数据需求量是巨大的,在现场研究中获取如此多的数据比较困难。已有研究中对于某一种考评方法的效果检验,如评分者信度、再测信度、敏感性等,也往往是通过小样本的实验来验证,在这些实验研究中,更多的只是通过观看影像资料的方式对影像中的人进行模拟评价。其二,评价误差这类技术指标,除了受评价方法合适与否的影响之外,还受评价者认知能力和情感因素的影响,如评价者的行为观察、信息归类、信息检索技能。评价者与被评价者的亲疏关系等都会影响评价误差(Wayne and Ferris,1990)。在某种程度上,评价者的认知能力和情感因素甚至比评价方法对评价误差的影响更大,那么采用评价误差来作为检验考评方法效果的指标,就不太适当,检验结论的有效性值得商榷。其三,评价的真分数本身受质疑。评价误差的衡量往往以评价的真分数为标准值,尽管评价的真分数从定义上是指专家的评价分数,但在很多的研究中(评价误差研究主要采用实验法),由于研究的便利性等多种原因,专家往往由受过训练的学生组成,由这些"专家"进行评价所得到的评价真分数受到很多质疑(DeNisi and Peters,1996)。

5.1.2 绩效评价系统有效的社会标准

获得准确客观的评价结果是绩效评价希望达成的目标,但是经过了 70 多年发展历史的绩效评价,这一目标仍然难以很好地实现,Hodgetts(1997)曾指出超过 61% 的员工对绩效评价结果不满。Folger 和 Cropanzano(1998)提出,通过过分强调评价工具的效度、信度以及对评价者培训等来减少考评误差是不够的,绩效评估的公平原则与员工对绩效评估的公平感和满意度也是非常重要的,因为它们是影响员工工作态度及其行为的直接因素。鉴于此,绩效评估公平感、满意度、可接受性、评价系统实用性等成为判断绩效评价是否有效的社会标准。

绩效评估公平感近年来受到不少学者关注,受组织公平感研究的启发,不少学者认为绩效评估公平感不是一个单维的概念。Greenberg(1986)认为,绩效评估公平感包含结果公平和程序公平两项内容。大量的研究者认同并沿用这一成果(Panggabean,2001)。Erdogan(2002)在回顾前人研究的基础上提出了 4 种绩效评估公平感,分别是系统程序公平感、评价者公平感、互动公平感,以及结果公平感。骆静(2007)经实证研究发现,在中国文化背景下,知识员工的绩效评估公平感包含互动公平、程序公平和结果公平 3 种成分。从上述研究结果可以看出,如果简单地把绩效评估公平感作为本研究一个笼统的检验变量,研究结论可靠程度可能不高,因为绩效评估程序公平感和互动公平感的前因变量中,充分通知、广泛听证、运用一致性标准是最为重要的因素(Taylor,et al,1995),而这些都与考评方法本身没有太大关系。在这种情况下,如果根据绩效评估程序公平感和互动公平感的差异推理出考评方法具有不同效果,该结论就不太可靠。基于此,绩效评估的结果公平感可能是考评方法合适与否较为适当的检验指标。遗憾的是,结果公平感除了受考评方法的影响外,还受到主管知识、评价动机的较大影响(Ferris and Judeg,1991),如何剔除这些因素影响是一件困难的事情。

绩效考评满意度是衡量绩效考评有效性的重要指标,同时也弥补了工作满意度的部分不足。Panggabean(2001)提出,工作满意度中忽视了有关绩效考评满意度这个维度。Spector(1997)也指出,满意度量表中的项目,都是测量对结果满意度的度量项目,如薪资、福利、晋升、工作本身、同事和工作环境等,而没有测量对过程的满意度;Quarstein等(1992)证实了满意度存在结果和过程上的区别,并指出过程的满意度影响结果的满意度,这里的过程满意度就是指绩效考评满意度(杜旌等,2005)。绩效考评满意度是一个受多个因素影响的变量,考评结果准确与否直接导致员工是否对绩效考评满意,而考评结果是否得到合理运用也是影响考评满意度的重要因素,Panggabean(2001)在研究中还证实,绩效考评公平感也是其前因变量。由于绩效考评方法仅仅对考评结果本身是否准确有直接的影响,因而它对考评满意度的影响是通过考评结果这个中介起作用的,加之考评满意度还受考评结果运用合理性、考评公平感等影响,由此可以认为绩效考评满意度作为考评方法合适与否的检验指标可能是不敏感的。

绩效评价的可接受性在不少著作中被作为评价有效性的一个标准(林泽炎,2001;王重鸣,2001;张一弛,2002),它通常包含两个方面的内容:评价方法的可接受性和评价结果的可接受性。其中,评价结果的可接受性取决于评价结果的准确性,而评价结果的准确性除了受考评方法合适与否的影响之外,还受评价者知识、评价动机的较大影响,这就意味着将考评结果的可接受性作为检验考评方法合适与否的指标可能是不敏感的,较为可行的选择是评价方法的可接受性,本研究正是采用了这一指标。

绩效评价的实用性是指评价系统的设计、实施和信息利用都需要花费时间、努力和金钱,组织使用绩效考评体系的收益必须大于其成本。另外,有些评价体系为了追求评价的全面性和精确性,从理论上讲比较科学,但使用者常常难以理解和把握,使得评价很复杂、繁琐,违背了实用性原则,这一点尤其体现在评价指标的设计上和评价分数的计算上(杨杰等,2001;张一弛,2002)。从上述绩效评价的实用性内涵来看,一方面,它往往是从组织层面的成本收益角度来评判;另一方面,常常用于考察在考评方法已确定的前提下,评判考评方法的繁简程度。在本研究中,绩效特征决定了考评方法的选择,而考评方法的繁简程度则是之后考虑的问题,因此,对于本研究而言,考评方法的可接受性是一个优先指标。

5.1.3 匹配模型的检验指标

上文对绩效评价系统有效性的标准做了阐述和分析,鉴于绩效数据的可获取性,以及这些标准对考评方法合适与否的不同敏感性,本书选择了考评方法的可接受性作为检验匹配模型的指标。

5.2 模型检验方法的说明

(1)具体的数据分析技术是独立样本 T 检验和 ANOVA 分析法,在模型检验的均值比较过程中,分组变量是考评方法,因变量是对考评方法的接受程度。与以往多数研究的最大区别是本研究将研究对象按照绩效特征分类,然后比较绩效特征相同的知识员工对不同考评方法的接受程度,避免存在不顾适用对象的差别,笼统比较各种考评方法效果的做法。

(2)模型检验的数据采集用问卷调查法,之所以选择问卷调查法,主要出于以下 3 个原因。

第一,对于权变选择模型中待检验的对象,即具有不同绩效特征的知识员工,如果要在实验中设置如此多的工作情境是非常不容易的,实验法不太适用于此或者不太可能大范围适用于此。值得注意的是,采用案例法检验该模型似乎是一个不错的选择,但要寻找筛选出满足模型检验标准的案例数目也是较为困难的,若要提高研究的效度,对案例数目要求则会更多。

第二,如前文所述,鉴于绩效评价数据的取得存在较大难度以及不同检验指标对考评方法合适与否的不同敏感性,本书选择考评方法的可接受性这一社会标准作为检验指标,而对此指标的测量用问卷调查较为合适。

第三,问卷调查法无需设置工作情境,不需要对考评方法进行操作,可以直接测量被试的绩效特征、所用的考评方法以及接受程度。因此,该方法调查范围大、成本低、使用方便,对于本研究而言,是一种相对经济、可行的数据采集方法。

5.3 数据采集过程及其测量工具

5.3.1 数据采集过程

模型检验中自变量(考评方法)、因变量(对考评方法接受程度),以及考评目的和绩效特征正式问卷是放在一起同时调查的,调查过程和调查样本基本情况见本书 3.4 节。

5.3.2 测量工具

(1)对于绩效特征的调查,使用本书开发的绩效特征量表(见附录 4 中的第二部分)和绩效特征辨识标准(见本书 3.5 节)。

(2)对于自变量考评方法的调查,本书采用单选题的形式分别调查了 6 种考评方法在被试中使用的情况,见附录 4 中第三部分。在从考评内容的角度分类的考评方法中,笔者在前期调研中发现,员工特质类考评方法、工作行为类考评方法、工作结果类考评方法在实践中是很少被完全独立使用的(如以员工特质为主的考评方法也包含了一些工作行为或者工作结果指标)。为了使调查项目更符合实际情况,本研究对这 3 类方法进行了界定,即某种考评方法(某类考评指标)的权重占到整个考评结果的 70%以上时,说明这种考评方法起到了主导作用,就归类为该种考评方法(如某员工的考评指标中,结果类指标的权重占到了70%以上,员工特征类指标、行为类指标的权重为30%以下,该考评方法属工作结果类考评方法,以此类推)。对于"混合体"考评方法,它们是员工特征类考评方法、工作行为类考评方法和工作结果类考评方法的某种组合,在这多种组合中,每种组合没有对任一子方法过度倚重,而是并重考虑,如员工特质-工作结果平行考评法,其员工特质和工作结果两大类指标权重各占40%～60%;员工特质-工作行为-工作结果综合体法,三大类指标权重各占30%～40%。笔者在调研中发现,员工特质-工作行为平行考评法几乎没有被采用,故在问卷调查中没有设置该选项。

(3)对于因变量考评方法接受程度的调查。问卷在询问了对被试实行的考评方法之后,紧接着询问被试对该考评方法的接受程度,见附录4的第三部分第2题。

(4)对于考评目的的测量。对于绩效考评目的这个变量,以往的文献提及得非常多,一般只是用1～2个项目提问,并没有较为统一的调查量表,本研究编制了4个调查项目来测量,见附录4的第二部分中绩效考评目的量表。

对于编制的绩效考评目的量表,首先用CITC法和Crobach's α信度系数法净化其测量项目。从表5-1可以看出,绩效考评目的量表4个测量项目的初始CITC值均大于0.5,且删除任一项目也不会提高整个量表的Crobach's α信度系数,量表整体的信度系数为0.846,大于0.7,说明该量表满足研究的信度要求。

对绩效考评目的量表进行探索性因子分析的条件检验和探索性因子分析,结果见表5-1。量表的KMO值为0.838,表明样本充足。Bartlett球型检验的显著水平小于0.001,表明变量之间具有共享因素的可能,适合做因子分析。主成分因子分析法提取的两个因子,累计解释总体方差变异量的68.96%,因子载荷均大于0.5,结构较为清晰。

表 5-1 绩效考评目的量表信度检验及 EFA 分析

测量项目	CITC 值	删除该项后的 Crobach's α 值	Crobacha's α 值	因子载荷	
				f_1	f_2
3、绩效考评主要用来找出我工作中的不足	0.670	0.836	0.846	0.820	0.160
4、绩效考评主要用来指导我改进工作	0.653	0.821		0.788	0.225
1、绩效考评结果与我的收入有紧密联系	0.620	0.820		0.129	0.759
2、绩效考评结果与我的晋升有紧密联系	0.581	0.828		0.222	0.589
旋转后特征值				1.359	0.999
方差贡献率/%				33.98	24.98
累计方差贡献率/%				33.98	68.96
KMO 值		0.838			
Bartlett 球型检验	卡方值	531.181			
	自由度	6			
	显著性水平	<0.001			

从表 5-1 可以看出,因子载荷 f_1 包含的两个项目与工作辅导类绩效考评目的密切相关,故命名为"工作辅导",而因子 f_2 包含的两个项目与行政管理类绩效考评目的密切相关,故命名为"行政管理"。本研究借鉴高低分组思想(见本书 3.5 节),根据"工作辅导"因子和"行政管理"因子的常态分的值来划分考评目的,当"工作辅导"因子常态分≥3.67 而"行政管理"因子常态分≤2.33 时,考评目的即以工作辅导为主;当"工作辅导"因子常态分≤2.33 而"行政管理"因子常态分≥3.67 时,考评目的即以行政管理为主。

5.4 描述性统计

有不少研究调查了绩效考评的现状,如各种考评方法被采用的情况(Allan and Kenneth,1988;Smith,et al.,1996;张光进和廖建桥,2013),雇员对绩效考评的满意度以及公平感等(Antonioni and David,1994;Hodgetts,1997)。本书重点就知识员工对现行考评方法的接受情况,以及不同岗位的知识员工期望的考评方法做了描述性统计。

5.4.1 知识员工对现行考评方法的接受情况

本研究中被调查的知识员工对现行考评方法的总体接受情况以及不同类型组织中的知识员工对现行考评方法的接受情况见表5-2。在统计时,笔者将"非常不合适""不合适"答项作为"不接受",将"非常合适""合适"答项作为"接受"情况对待。

从表5-2可以看出,知识员工对现行考评方法的接受程度并不乐观,表示"接受"的知识员工占比大约为30%,没有过半,而表示"不接受"的员工约有34%,数量比表示"接受"的员工还多。

从不同性质组织中知识员工对考评方法的接受情况来看,一般而言,市场竞争压力较小的组织,如事业单位、团体协会、国有企业中明显有更多的知识员工认为考评方法不能接受。而市场竞争压力更为充分的组织,如民营企业、三资企业中明显有更多的知识员工表示可以接受现行的考评方法,这可能是因为在市场竞争压力较小的环境里,组织容易缺乏改善管理的动力和压力,在市场竞争充分的环境里,组织为了生存和发展会千方百计地提高管理水平,而设计或选择合理的考评方法是提高管理水平的一项重要内容,因此,从这个意义上说,增强组织的外部竞争性是改进绩效考核的外部推力。

表 5-2　知识员工对现行考评方法的接受情况

知识员工类型		接受程度/%		
		接受	一般	不接受
		31.4	34.8	33.8
组织性质	事业单位	18.7	37.6	43.7
	科研院所	35.3	38.5	26.2
	团体协会	18.1	35.7	46.2
	国有企业	26.2	39.3	34.5
	民营企业	41.3	29.9	28.8
	三资企业	45.7	29.9	24.4
组织规模	小型组织	39.6	37.3	23.1
	中型组织	25.2	34.1	40.7
	大型组织	28.7	33.1	38.2
	超大型组织	40.2	33.0	26.8
组织发展阶段	初创期	23.8	30.9	45.3
	成长期	29.7	34.7	35.6
	成熟期	37.2	36.6	26.2
	衰退期	12.4	19.2	68.4

从不同规模的组织中知识员工对考评方法的接受情况来看,小型组织和超大型组织中明显有更多的知识员工接受现行的考评方法,这可能是因为超大型组织一方面需要通过考核这种控制手段使组织目标得以实现,另一方面超大型组织一般具有较雄厚的实力,有设计或选择合理考评方法的基础;而小型组织人员较少,设计或选择个性化、有针对性的考评方法也较为容易。

从不同组织发展阶段中知识员工对考评方法的接受情况来看,成熟期组织中明显有更多的知识员工表示接受现行的考评方法,而衰退期组织中明显有更多的知识员工认为现行的考评方法不能接受。这可能是因为成熟期组织的管理较为完善,考评方法的设计或选择也相对较为合理;而衰退期组织中,员工士气低落,即使是合理的考评方法也往往不会被员工认可,这与学者杜旌的调查结论较为一致。杜旌等(2005)对工程设计人员的调查表明,如果组织的效益不好,任何考评方法都不容易被雇员接受。

5.4.2 不同岗位的知识员工期望的考评方法

本书3.6节的描述性统计表明,不同岗位的知识员工具有不同的绩效特征。那么他们期望的考评方法是否也有差别呢?在此,笔者对不同岗位的知识员工所期望的考评方法做了一般性统计,结果见表5-3。

表5-3 不同岗位的知识员工期望的考评方法

岗位类型	期望的考评分类法/%					
	①	②	③	④	⑤	⑥
基层管理	5.5	**72.4**	5.1	7.3	4.8	4.9
普通管理	5.1	**74.6**	3.4	7.5	4.1	5.3
财务核算	6.3	**75.8**	3.6	5.2	4.4	4.7
中小学教师	**28.4**	**26.9**	4.2	**32.1**	4.3	4.1
培训专员	**33.7**	**28.6**	3.5	**27.4**	3.6	3.2
技术开发	**62.4**	6.2	5.8	12.3	8.2	5.1
工程技术	**60.6**	8.4	5.2	10.7	7.3	7.8
传媒策划	**63.8**	6.5	3.8	8.2	10.5	7.2
专业咨询	**62.9**	5.3	4.1	7.6	13.6	6.5
医生	**62.4**	4.8	6.1	7.9	13.7	5.1
市场营销	**69.3**	7.4	3.9	10.5	3.8	5.1

续表 5-3

岗位类型	期望的考评分类法/%					
	①	②	③	④	⑤	⑥
律师	**80.4**	3.2	4.1	4.5	3.6	4.2
中层管理	**68.4**	6.4	4.6	5.3	7.2	8.1
文艺创作	**64.6**	3.4	6.8	4.5	12.8	7.9
编审	**65.7**	3.2	6.8	6.9	13.5	3.9
理论研究	19.2	7.4	8.1	7.1	**31.2**	27.0
科研型大学教师	16.2	6.1	7.3	7.8	**37.2**	25.4
高层管理	22.4	5.8	8.4	7.7	**29.2**	26.5

注：上表中的"①""②""③""④""⑤""⑥"分别代表结果类考评方法、行为类考评方法、员工特征类考评方法、结果-行为平行考评方法、结果-员工特征平行考评方法、结果-行为-员工特征综合体考评方法。

结合第 3 章中各种岗位知识员工绩效特征的描述性统计，从表 5-3 可以看出，对于具有不同绩效特征的知识员工而言，他们所期望的考评方法有明显的差别。

对于基层管理、普通管理和财务核算岗位人员，他们中的大多数人期望采用行为类考评方法。对于中小学教师和培训专员岗位，他们认为结果类考评法、行为类考评方法、结果-行为类综合考评法明显比其他考评方法更为合适，而对这 3 种方法的偏好似乎差别不大。对于技术开发、工程技术、传媒策划、专业咨询、医生、市场营销、律师、中层管理、文艺创作和编审岗位人员，他们中的大多数人期望采用结果类考评方法。值得注意的是，其中技术开发和工程技术岗位人员中约有 10% 的被调查者认为应采用结果-行为平行考评方法。而专业咨询和医生岗位人员约有 13% 的被调查者认为应采用结果-员工特征平行考评方法。这可能意味着对技术开发和工程技术岗位实行结果导向的考核方法时，应适当加入行为类考核内容。对专业咨询和医生岗位人员实行结果导向的考核方法时，应适当加入员工特征类考核内容。对于理论研究、科研型大学教师和高层管理岗位人员,在所列的5种考核方法中,他们似乎更倾向于结果-员工特征平行考评方法和结果-行为-员工特征综合体考评方法,但最高比例也都没超过40%,这可能意味着他们对这些方法接受程度相差不大,也可能意味着这些方法都不是最合适的方法。

5.5 权变选择模型的实证检验

基于4.3节中的系列研究假设,本节对问卷调查的数据运用了独立样本T检验和ANOVA分析法进行了逐一检验。

5.5.1 绩效行为可评价性-绩效结果具体性不同特征下的考评方法接受程度比较

在进行检验绩效行为可评价性-绩效结果具体性不同特征下的考评方法效果的系列研究假设时,为了避免考评方法文字表述的重复,特将结果类考评方法约定为代号①,行为类考评方法约定为代号②,员工特征类考评方法约定为代号③,结果-行为平行考评方法约定为代号④,结果-员工特征平行考评方法约定为代号⑤,结果-行为-员工特征综合体考评方法约定为代号⑥。

绩效行为可评价性和绩效结果具体性都比较低(第Ⅰ类)的知识员工,对各种考评方法接受程度的差异见表5-4。

从表5-4可以看出,第Ⅰ类知识员工对于结果-行为-特质综合体考评方法的接受程度明显高于其他5种考评方法。因此,研究假设1得到验证。

当绩效考评目的为以工作辅导为主时,绩效行为可评价性和绩效结果具体性都比较低(第Ⅰ类)的知识员工,对各种考评方法接受程度的差异见表5-5。

从表5-5可以看出,当绩效考评目的是以工作辅导为主时,行为-结果-特质类考评方法最适合第Ⅰ类知识员工。因此,研究假设1a得到验证。

表 5-4　第Ⅰ类知识员工对各种考评方法接受程度的差异（一）

考评方法		均值差异	标准误差	显著性水平
(S)类	(J)类	(S－J)		
⑥	①	2.032 3(*)	0.175 73	<0.001
	②	2.186 5(*)	0.174 35	<0.001
	③	2.434 4(*)	0.177 19	<0.001
	④	2.264 0(*)	0.182 12	<0.001
	⑤	1.774 2(*)	0.175 73	<0.001

注："*"表示未区分考核目的。

表 5-5　第Ⅰ类知识员工对各种考评方法接受程度的差异（二）

考评方法		均值差异	标准误差	显著性水平
(S)类	(J)类	(S－J)		
⑥	①	1.243 4(*)	0.173 41	<0.001
	②	0.947 4(*)	0.272 35	0.001
	③	1.684 2(*)	0.272 35	<0.001
	④	1.789 5(*)	0.272 35	<0.001
	⑤	0.781 2(*)	0.232 10	0.004

注："*"表示当绩效考评目的以工作辅导为主时。

绩效行为可评价性较低、绩效结果具体性较高（第Ⅱ类）的知识员工，对各种考评方法接受程度的差异见表 5-6。

从表 5-6 可以看出，第Ⅱ类知识员工对于结果类考评方法的接受程度明显高于其他 5 种考评方法。因此，研究假设 2 得到验证。

当考评目的分别是以行政管理和工作辅导为主时，绩效行为可评价性较低、绩效结果具体性较高（第Ⅱ类）的知识员工对结果类考评方法的接受程度见表 5-7。

表 5-6　第Ⅱ类知识员工对各种考评方法接受程度的差异(一)

考评方法		均值差异 (S−J)	标准误差	显著性水平
(S)类	(J)类			
①	②	2.200 9(*)	0.119 85	<0.001
	③	2.449 6(*)	0.108 36	<0.001
	④	2.483 8(*)	0.112 37	<0.001
	⑤	2.299 6(*)	0.116 76	<0.001
	⑥	2.379 6(*)	0.120 79	<0.001

注:"*"表示未区分考核目的。

表 5-7　第Ⅱ类知识员工对结果类考评方法接受程度的差异

考评目的	频数	均值	标准差	方差齐性水平	显著性水平
行政管理	51	4.765	0.428	0.012	<0.001
工作辅导	48	3.354	0.483		

从表 5-7 可以看出,当考评目的为以工作辅导为主时,第Ⅱ类知识员工对结果类考评方法的接受程度比考评目的为以行政管理为主时要低。基于此,进一步检验了考评目的为以工作辅导为主时,第Ⅱ类知识员工对各种考评方法接受程度的差异,见表 5-8。

表 5-8　第Ⅱ类知识员工对各种考评方法接受程度的差异(二)

考评方法		均值差异 (S−J)	标准误差	显著性水平
(S)类	(J)类			
①	②	0.854 2(*)	0.112 07	<0.001
	③	1.450 3(*)	0.118 79	<0.001
	④	1.790 1(*)	0.124 04	<0.001
	⑤	1.301 5(*)	0.142 97	<0.001
	⑥	1.388 6(*)	0.201 34	<0.001

注:"*"表示当考核目的以工作辅导为主时。

从表 5-8 可以看出,当考评目的为以工作辅导为主时,第Ⅱ类知识员工对结果类考评方法的接受程度仍然高于其他各类方法,即工作结果类考评法仍然是最宜采用的考评方法。因此,研究假设 2a 得到验证。

绩效行为可评价性和绩效结果具体性都比较高(第Ⅲ类)的知识员工,对各种考评方法接受程度的差异见表 5-9。

表 5-9　第Ⅲ类知识员工对各种考评方法接受程度的差异(一)

考评方法		均值差异	标准误差	显著性水平
(S)类	(J)类	(S−J)		
④	①	0.089 3	0.192 61	0.982
	②	0.232 1	0.184 24	0.971
	③	1.500 0(*)	0.172 29	<0.001
	⑤	1.410 7(*)	0.173 48	<0.001
	⑥	1.243 4(*)	0.173 41	<0.001
①	②	0.142 9	0.190 17	0.991
	③	1.410 7(*)	0.178 62	<0.001
	⑤	1.321 4(*)	0.179 77	<0.001
	⑥	1.154 1(*)	0.179 70	<0.001
②	③	1.267 9(*)	0.169 56	<0.001
	⑤	1.178 6(*)	0.170 77	<0.001
	⑥	1.011 2(*)	0.170 69	<0.001

注:"*"表示未区分考核目的。

从表 5-9 可以看出,第Ⅲ类知识员工对结果类考评方法、行为类考评方法、结果-行为平行考评方法的接受程度没有明显差异,但对这 3 种考评方法的接受程度远远超过其他类考评方法。因此,研究假设 3 得到验证。

当绩效考评目的为以工作辅导为主时,绩效行为可评价性和绩效结果具体性都比较高(第Ⅲ类)的知识员工,对各种考评方法接受程度的差异见表 5-10。

表 5-10 第Ⅲ类知识员工对各种考评方法接受程度的差异（二）

考评方法		均值差异 (S−J)	标准误差	显著性水平
(S)类	(J)类			
②	①	1.142 1(*)	0.272 35	<0.001
	③	2.277 8(*)	0.283 17	<0.001
	④	0.315 6	0.162 70	0.723
	⑤	2.222 2(*)	0.283 17	<0.001
	⑥	2.111 1(*)	0.283 17	<0.001
④	①	0.826 5	0.184 63	<0.001
	③	1.962 2	0.178 42	<0.001
	⑤	−1.906 6	0.186 35	<0.001
	⑥	−1.795 5	0.170 54	<0.001

注："*"表示当考核目的以工作辅导为主时。

从表 5-10 可以看出，当绩效考评目的是以工作辅导为主时，工作行为类考评法和行为-结果类考评方法最适合第Ⅲ类知识员工。因此，研究假设 3a 得到验证。

绩效行为可评价性较高、绩效结果具体性较低（第Ⅳ类）的知识员工，对各种考评方法接受程度的差异见表 5-11。

表 5-11 第Ⅳ类知识员工对各种考评方法接受程度的差异

考评方法		均值差异 (S−J)	标准误差	显著性水平
(S)类	(J)类			
②	①	2.016 7(*)	0.243 55	<0.001
	④	1.933 3(*)	0.243 55	<0.001
	③	1.850 0(*)	0.210 92	<0.001
	⑤	2.215 4(*)	0.237 63	<0.001
	⑥	1.730 4(*)	0.203 93	<0.001

注："*"表示未区分考核目的。

从表 5-11 可以看出，第Ⅳ类知识员工对行为类考评方法的接受程度远远超过其他类考评方法。因此，研究假设 4 得到验证。

5.5.2 R&D 人员绩效考核方法选择的假设检验

第 3 章基于 R&D 人员的绩效特征将其分为两类，其中Ⅰ类 R&D 人员的绩效特征是绩效结果可评价性中等、绩效行为可评价性低，这类人员主要是基础研究人员；Ⅱ类 R&D 人员的绩效特征是绩效结果可评价性高、绩效行为可评价性中等，这类人员主要是应用研究和试验发展类 R&D 人员。根据 R&D 人员调查的样本分类结果，Ⅰ类 R&D 人员有 159 人，Ⅱ类 R&D 人员有 281 人。

分别对上述两类 R&D 人员就不同考评方法的认可程度采用单因方差分析。在均值比较时，分组变量是考评方法，因变量是对考评方法的认可程度。两类人员对不同考评方法认可程度的单因方差分析结果见表 5-12。

表 5-12 两类 R&D 人员对不同考评方法认可程度的单因方差分析结果

考评方法 (I)	考评方法 (J)	Ⅰ类 R&D 人员			Ⅱ类 R&D 人员		
		均值差异 (I−J)	标准误差	显著性水平	均值差异 (I−J)	标准误差	显著性水平
①	②	−0.162	0.143 2	0.118	1.126 0	0.140 6	<0.001
	③	−0.138	0.132 0	0.185	0.625 0	0.110 0	<0.001
	④	−1.245	0.119 6	<0.001	0.984 0	0.100 9	<0.001
	⑤	−0.068	0.139 8	0.621	1.432 0	0.127 5	<0.001
②	③	0.024	0.144 2	0.870	−0.501 0	0.151 6	<0.001
	④	−1.083	0.132 8	<0.001	−0.142 0	0.145 1	0.237
	⑤	0.094	0.151 4	0.516	0.306 0	0.164 7	<0.05
③	④	−1.107	0.120 7	<0.001	0.359 0	0.115 7	<0.005
	⑤	0.07	0.140 8	0.612	0.807 0	0.139 5	<0.001

续表 5-12

考评方法(I)	考评方法(J)	Ⅰ类 R&D 人员			Ⅱ类 R&D 人员		
		均值差异(I−J)	标准误差	显著性水平	均值差异(I−J)	标准误差	显著性水平
④	⑤	1.177	0.129 2	<0.001	0.448 0	0.132 5	<0.001

注：此表中，①是以结果为主、行为为辅的考评方法，其中，结果类指标权重占 70% 及以上；②是以结果为主、能力为辅的考评方法，其中结果类指标权重占 70% 及以上。③是以结果为主，行为、能力为辅的考评方法，其中结果类指标权重占 70% 及以上，能力类指标权重占 15% 及以上。④是结果考核与书面鉴定平衡的考评方法，两类评价权重各占 50% 左右。⑤是以书面鉴定为主的考评方法。

从表 5-12 可以看出，Ⅰ类 R&D 人员对第 4 种考评方法，即结果考核与书面鉴定平衡的考评方法认可度最高，并且该方法和其他 4 种考评方法相比都有显著的差异，这一结果表明前述表 5-3 中关于基础研究、科研型大学教师的考核方法选项中，结果−员工特征平行考评方法和结果−行为−员工特征综合体考评方法都不是最适宜的。Ⅱ类 R&D 人员对以结果为主，行为为辅的考评方法认可度最高。综上所述，前文的研究假设 5 成立。

5.6 匹配模型检验结果的讨论

考核方法与绩效特征匹配关系的系列研究假设检验结果汇总，见表 5-13。

从表 5-13 可以看出，对于绩效行为可评价性和绩效结果具体性都是"弱性"的知识员工，无论是否考虑工作辅导这一考评目的，工作行为或者工作结果对该类知识员工的绩效都没有完全的代表性。此时，员工特征−工作行为−工作结果综合考评法从绩效生成的过程能够相对全面反映绩效水平，减少以偏概全的评价风险。因此员工特征−工作行为−工作结果综合考评法的可接受程度最高。

表 5-13　考核方法与绩效特征匹配关系的系列研究假设检验结果

假设代码	研究假设内容	检验结果
1	对于绩效行为可评价性和绩效结果具体性都比较低的知识员工，员工特征-工作行为-工作结果综合考评法比其他考评方法的可接受程度更高	成立
1a	对于绩效行为可评价性和绩效结果具体性都比较低的知识员工而言，当绩效考评目的是以工作辅导为主时，员工特征-工作行为-工作结果综合考评法仍然是可接受程度最高的方法	成立
2	对于绩效行为可评价性较低、绩效结果具体性较高的知识员工，工作结果类考评法比其他考评方法的可接受程度更高	成立
2a	对于绩效行为可评价性较低、绩效结果具体性较高的知识员工，当绩效考评目的是以工作辅导为主时，工作结果类考评法的可接受性比考评目的是以行政管理为主时要低，但该方法仍然是最宜采用的考评方法	成立
3	对于绩效行为可评价性和绩效结果具体性都比较高的知识员工，结果类考评方法、行为类考评方法、结果-行为类考评方法都较为适宜，它们比其他考评方法的可接受程度更高	成立
3a	对于绩效行为可评价性和绩效结果具体性都比较高的知识员工而言，当绩效考评目的是以工作改进为主时，工作行为类考评法、行为-结果类考评法比其他考评方法的可接受程度更高	成立
4	对于绩效行为可评价性较高、绩效结果具体性较低的知识员工，工作行为类考评方法比其他考评方法的可接受程度更高	成立
5	对于Ⅰ类R&D人员（绩效结果具体性中等、绩效行为可评价性低），结果考评和书面鉴定平衡法是最为合适的考评方法；对于Ⅱ类R&D人员（绩效结果具体性高、绩效行为可评价性中等），以结果为主、行为为辅的考评方法是可接受程度更高的考评方法	成立

对于绩效行为的可评价性"弱性"、绩效结果具体性"显性"的知识员工,由于工作结果对该类知识员工的绩效具有较好的代表性,此时采用工作结果类方法符合绩效生成的系统权变理论;而如果采用工作行为类方法,或者员工特征类方法,或者包含此两类指标的方法会产生评价噪声。因此,该类知识员工对工作结果类方法的接受程度最高。尽管通常意义上而言,工作行为类考评法较之工作结果类考评法更利于工作辅导,但对于绩效行为可评价性较低、绩效结果具体性较高的知识员工,即使绩效考评目的是以工作辅导为主,工作行为类考评方法的评价噪声也远大于其有助于工作辅导的正效应,工作结果类考评法仍然是最为适宜的方法。

对于绩效行为可评价性和绩效结果具体性都是"显性"的知识员工,由于工作结果或者工作行为对该类知识员工的绩效具有较好的代表性,此时,员工特征类考评方法和包含员工特征的其他考评方法,相对于结果类考评方法,或者行为类考评方法,或者结果-行为类考评方法具有明显评价噪声,也不符合绩效生成的系统权变理论,所以,后3种考评方法对该类知识员工最为合适。进一步考察绩效考评目的为以工作辅导为主的知识员工时,与上述两类知识员工不同,由于行为类考评方法、结果-行为类考评方法对该类知识员工不仅没有评价噪声,而且更加有助于提供工作辅导的绩效信息,因而行为类考评方法和结果-行为类考评方法是绩效考评目的以工作辅导为主时最适合该类知识员工的方法。

对于绩效行为可评价性"显性"、绩效结果具体性"弱性"的知识员工,由于工作行为对该类知识员工的绩效具有较好的代表性,此时采用工作行为类方法符合绩效生成的系统权变理论;而如果采用工作结果类方法,或者员工特征类方法,或者包含此两类指标的方法会产生评价噪声。因此,该类知识员工对工作行为类方法的接受程度最高。

两类 R&D 人员对不同考评方法的认可程度是不同的。具体而言,结果考核与书面鉴定相平衡的考评方法得到了 I 类 R&D 人员,即绩效结果具体性"中性"、绩效行为可评价性"弱性"的 R&D 人员的最高认可。其原因是对于Ⅰ类R&D人员的绩效考评,既不能仅看工作结果,也不能完全不看工作结果;既不能仅对其工作行为进行评价,也不能对其工作计划的执行情况不予跟踪;应该既考核工作结果,也实施过程控制,这两方面的评价同权综合后,才能够较为客观地反映Ⅰ类R&D人员的绩效。对于Ⅱ类R&D人员,即对于绩效结果具体性"显性"、绩效行为可评价性"中性"的R&D人员而言,以结果为主、行为为辅的考评方法是最为合适的,其原因是Ⅱ类R&D人员的研究计划和技术手段较为成熟,其预期工作结果取得的风险相对较小,因此应以硬性的量化目标作为主要考核指标,辅之以行为考核,以增强日常工作的执行力。那些包含能力类指标的考评方法,由于能力评价产生的噪声可能使绩效总评结果失真,导致其被认可程度降低。那些以书面鉴定为主或者包含书面鉴定形式的考评方法,对于Ⅱ类R&D人员来说,可能由于过于宽泛软化,难以区分其绩效的优劣,不能达到激励和开发员工的绩效考评目的。

5.7 本章小结

在分析绩效评价系统有效性标准的基础上,鉴于数据获得的难度以及指标对评价方法的敏感性,笔者选取了考评方法的"可接受性"作为权变模型检验的标准。描述性统计表明,知识员工对现行考评方法的接受程度并不理想,不同类型组织中的知识员工对现行考评方法的接受程度存在较大差异,对于不同岗位的知识员工而言,他们所期望的考评方法有明显的差别,而这些差别与他们具有不同的绩效特征密切相关。通过 ANOVA 分析和独立样本 T 检验,结果表明,实践中并不存在普遍适用的考评方法,只有在特定绩效特征下最为合适的考评方法,这与权变管理思想是一致的。系列研究假设的检验结果还表明,绩效特征是选择考评方法的最主要决定因素,最优考评方法必须以与绩效特征匹配为前提。考核方法与绩效特征的匹配模型,为管理者对不同绩效特征的知识员工选择和设计考评方法提供了参考体系。

6 研究结论与展望

知识经济时代,知识员工在获取组织核心竞争力、推动社会可持续发展中起着关键作用,如何管理和激励知识员工成为摆在研究者和实践者面前不可回避的问题。"没有评价,就没有管理",由于知识员工工作的复杂性以及绩效表现的多样性,评价知识员工的绩效是一件棘手的工作。本书在"知识员工考评的关键是抓住其绩效特征和本质"这一基本观点以及权变管理理论的启发下,重点对知识员工绩效特征的测量和识别、绩效特征与考评方法的匹配规律这两个基本问题进行了理论和实证研究,从中得出了一些重要结论,也发现了一些值得进一步探讨的问题。

6.1 研究结论

(1)通常认为,将绩效定义为工作行为或者工作结果的观点都有偏颇之处,绩效是工作行为和工作结果的综合体观点更容易让人接受。本书指出,当工作具有某些特点时,绩效强调工作行为和工作结果的某一个方面是成立的;绩效综合体定义中的"和"字也并非都是"与"的含义,还包括在一定条件下的"或"的含义。二维绩效模型广为学者们所引用,其原因在于两个维度不仅可以较为清晰的区分开,还在于其具有良好的包容性和普适性。关系绩效考评是必要的,但它不是本书的研究重点,本书重点在于任务绩效的考评。

(2)综合考虑工作内容和工作性质对知识员工下定义的争议比较小,知识员工是指那些拥有较多知识积累,利用知识和经验对信息进行加工处理使信息增值,并以此为职业的人,他们所从事的工作,知识技能更新速度快、创新性要求高。知识员工涵盖的对象比较模糊，而对各类职业是否属知识工作进行判别，可以为厘清知识员工涵盖的对象提供操作化的界定。从工作的非程序化程度（创造性）和工作所需知识的"硬度"对知识员工进行划分，有助于明确各种知识性职业的坐标方位。R&D人员作为最典型的知识员工，从工作内容、工作方法、工作结果和工作时间等4个方面综合考虑对其予以界定较为合理。R&D人员的4种分类方法各有其用途，其中R&D活动类型视角的分类有助于认识不同类型R&D人员的工作特点。

(3) 对知识员工的绩效特征进行集中研究的文献非常少，通过对有关研究成果的分析可以发现，如果把宽泛定义下的知识员工作为一个不言自明的总体，其绩效特征几乎没有，但如果对知识员工进行分类，各类知识员工的绩效特征是比较明显的，这些绩效特征表现在某些绩效属性上的"显性"或"弱性"。已有研究探讨的知识员工绩效考核方法可以分为3类，在以应用性研究为主的文献中，往往对"为什么使用这种考核方法"阐述得不够透彻，而在理论研究为主的文献中，所提及的考核方法的优缺点又没有针对具体类别的知识员工，导致其在指导知识员工的考核方法选择时存在明显的局限。

(4) 长期以来，对最典型的知识员工群体——R&D人员，是否有必要进行绩效考核存在争论，该争论的深层次原因与其说是能不能对R&D人员进行考核，不如说是对R&D人员绩效考核还缺乏有效的办法。从R&D人员绩效考核发展阶段看，绩效考核方法出现了德国模式、美国模式和复合型考核模式，总体而言，复合型考核模式更符合R&D人员的工作实际。已有研究把R&D人员的绩效考核方法分为3种类型，并指出了其优势和不足，但这些考核方法如何与R&D人员类型匹配，从而增强R&D人员绩效考核的有效性还有待进一步探讨。

(5) 识别知识员工的绩效特征，并根据绩效特征选择匹配的考核方法，是改进知识员工绩效考核的重要途径。研究知识员工的绩效特征，一种思路是先对知识员工进行分类，然后对各类别知识员工分别进行单独研究;另一种思路则是找出反映绩效特征的绩效属性变量,根据变量值的不同来划分绩效特征。相对而言,后一种研究思路的抽象程度更高,是一种框架性质的研究,本书正是遵循这一研究思路。

(6)通过对已有的关于绩效特征的论述进行总结,以及对知识员工绩效特征的访谈分析,发现不同类别知识员工的绩效特征可以归结在绩效行为可评价性和绩效结果具体性这两个绩效属性要素上的差异化特点,即在这两个绩效属性上的"显性"与"弱性"表征。

(7)以访谈得到的绩效特征描述条目为基础编制初始问卷,经过测试筛选、效度和信度检验,最终形成了包含 25 个项目的绩效特征测度量表,为知识员工绩效特征测量提供了工具。借鉴学界常用的高低分组思想,在 Likert 5 级调查计分的情境下,将在绩效特征量表上得分≥3.67 视为"显性",得分≤2.33 视为"弱性"。以描述性统计数据为基础,运用 ABC 分析法对各类知识员工的绩效特征进行识别,结果表明:本书中 80% 的调查对象被"显性"和"弱性"的绩效特征标准所覆盖。具体而言,基层管理、普通管理、财务管理岗位属于一类,其绩效特征表现为绩效行为可评价性"显性",绩效结果具体性"弱性";中小学教师、培训专员岗位属于一类,其绩效特征表现为绩效行为可评价性"显性",绩效结果具体性"显性";传媒策划、专业咨询、医生、市场销售、律师、中层管理人员、文艺创作、编审属于一类,其绩效特征表现为绩效行为可评价性"弱性",绩效结果具体性"显性"。

(8)本次调查所涉及的技术开发、工程技术、理论研究、科研型大学教师和高层管理人员的绩效特征在某些方面并非是"显性"或者"弱性"。基于此,运用本研究开发的绩效特征量表,对 R&D 人员进行进一步的深度分析发现,传统的基础研究、应用研究和试验发展人员根据绩效特征可以聚为两类,其中一类主要是基础研究人员,另一类包括应用研究和试验发展人员。前一类 R&D 人员的绩效特征是绩效结果具体性"中性",而其绩效行为可评价性"弱性";后一类

R&D 人员的绩效特征是绩效结果具体性"显性",而其绩效行为可评价性"中性"。

(9)权变管理理论认为,没有什么一成不变、普遍适用的"最好的"管理方法,管理方法使用的有效性取决于它与管理情境是否匹配,其核心问题是权变管理结构,该结构的 3 个主要部分是环境变量、管理技术和权变关系。通常情况下,环境是自变量,而管理技术是因变量,所谓权变关系是指独立的环境变量同管理技术之间的函数关系,这是权变管理的核心。在本书的研究中,绩效特征是权变管理结构中的环境变量,各种绩效考评方法是权变管理结构中的管理技术,绩效特征和绩效考评方法的匹配规律就是权变管理结构中的权变关系。

(10)本次问卷调查数据表明,知识员工对现行考评方法的接受程度并不理想,不同类型组织中的知识员工对现行考评方法的接受程度存在较大差异,对于不同岗位的知识员工而言,他们所期望的考评方法有明显的差别,这些差别与他们具有不同的绩效特征密切相关。

(11)对书中研究假设的检验表明,实践中并不存在普遍适用的考评方法,只有在特定绩效特征下最为合适考评方法,这与权变管理思想是一致的。具体而言:对于绩效行为可评价性"弱性"和绩效结果具体性"弱性"的知识员工,员工特征-工作行为-工作结果综合考评法比其他考评方法的可接受程度更高;对于绩效行为可评价性"弱性"和绩效结果具体性"显性"的知识员工,工作结果类考评法比其他考评方法的可接受程度更高;对于绩效行为可评价性和绩效结果具体性都是"显性"的知识员工,结果类考评方法、行为类考评方法、结果-行为类考评方法都较为适宜,这 3 种考评方法比其他考评方法的可接受程度更高;对于绩效行为可评价性"显性"和绩效结果具体性"弱性"的知识员工,工作行为类考评方法比其他考评方法的可接受程度更高;对于绩效结果具体性"中性"和绩效行为可评价性"弱性"的 R&D 人员,结果考核与书面鉴定相平衡的考评方法得到的认可度最高;对于绩效结果具体性"显性"和绩效行为可评价性"中性"的R&D人员,以结果为主,行为为辅的考评方法是最合适的。本研究还发现在考虑影响考评方法选择的次要因素,如考核目的时,最优的考评方法仍然都属于匹配于绩效特征的方法,这说明绩效特征在考核方法选择中起决定性作用。

6.2 研究中的不足

本书尽管通过理论和实证研究识别了知识员工的绩效特征,验证了与之匹配的考核方法,并集中对R&D人员的绩效考核进行了深入研究,但也存在一些不足。

(1)本次研究只使用了方便样本,没有使用随机样本,虽然调研覆盖了全国不少城市的许多单位,涉及到不同行业和众多岗位的知识员工,但是样本的代表性仍不如随机样本,这可能使研究结论的精确性受到影响。

(2)对于绩效特征的识别是通过绩效属性值的高低分组来实现的,尽管这种分组是学界常用的做法,并且也涵盖了本研究中大多数被调查的知识员工,对于没有被覆盖的、非典型绩效特征的知识员工群体R&D人员,本书也进行了专门研究,但还是没有将绩效特征的所有不同组合穷尽。例如,在出现绩效结果具体性"弱性"、绩效行为可评价性"中性",绩效结果具体性"中性"、绩效行为可评价性"显性",绩效结果具体性"中性"、绩效行为可评价性"中性"时,究竟采用哪种考核方法最适用,本书还没有涉及。

(3)以往的研究文献提到,选择绩效考评方法除了首要考虑工作特点之外,还包括诸如管理成熟度、领导风格、组织文化、管理习俗等因素(Adizes,1989),本研究虽然考察了考评目的这一绩效特征之外的因素,但总体而言类似的其他因素考虑得不多,这些因素是否比绩效特征对考评方法的选择更有决定性影响,本书中尚没有实证检验。

6.3 未来研究方向

如前文所述,研究知识员工的绩效特征,一种路径是先对知识员进行分类,然后对各类别知识员工分别进行单独研究,遵循这一研究思路虽然可能更费时耗力,但显然更加精细,同时也可以验证本书研究结论的正确性。

除了本书中研究过的绩效特征组合之外,调查样本中没有发现的绩效特征组合,如绩效结果具体性"弱性"、绩效行为可评价性"中性",绩效结果具体性"中性"、绩效行为可评价性"显性",绩效结果具体性"中性"、绩效行为可评价性"中性"的情形,各适用哪一种考评方法也值得探讨,因为不可否认有些知识员工的绩效特征可能属于这些类别。

在分析绩效特征这一主要决定考评方法选择的环境变量时,可以增加对其他次要因素的考察,探讨在同时考虑多个环境变量的情况下,所适用的考评方法是否有变化,这样可以进一步验证本书关于绩效特征是决定考评方法首要因素的论断,也可以使研究更加细致深入。

主要参考文献

彼得·德鲁克,2006.21 世纪的管理挑战[M].朱雁斌,译.北京:机械工业出版社.

陈光,陈凯华,龚旭,等,2021.优化科学基金同行评议机制的思考[J].中国科学院院刊(12):1427-1433.

陈寒松,张文玺,2010.权变管理在管理理论中的地位及演进[J].山东社会科学(9):105-106.

陈健,2007.792 家公司披露中报,利润增长逾七成[N].中国证券报.8.20.

陈劲,宋建元,葛朝阳,等,2004.试论基础研究及其原始性创新[J].科学学研究(3):320-321.

陈学军,王重鸣,2003.内隐绩效模型对绩效评估一致性的效应分析[J].心理科学(2):212-214.

辞海编辑委员会,1979.辞海[M].上海:上海辞书出版社.

戴江华,2004.高新技术企业 R&D 人员考评指标体系探析[J].武汉科技大学学报(社会科学版)(3):25-27.

丁岳枫,2006.创业组织学习与创业绩效关系研究[D].浙江:浙江大学.

杜旌,廖建桥,王福寿,2005.绩效考评中的公正感与满意度研究综述[J].科技进步与对策(7):191-192.

杜谦,宋卫国,2004.科技人才定义及相关统计问题[J].中国科技论坛(5):136-140.

方振邦,2003.绩效管理[M].北京:中国人民大学出版社.

方振邦,杨畅,2022.战略性绩效管理[M].北京:中国人民大学出版社.

方振邦,叶向锋,2002. 员工个性化评价[J]. 中国人力资源开发(7):57-59

弗朗西斯·赫瑞比,2000. 管理知识员工[M]. 郑晓明,译. 北京:机械工业出版社.

付亚和,许玉林,2003. 绩效管理[M]. 上海:复旦大学出版社.

甘怡群,张妙清,宛小昂,等,2002. 用中国人个性量表(CPAI)预测国有企业中高层管理者的绩效[J]. 应用心理学(3):35-39.

龚旭,2004. 同行评议公正性的影响因素分析[J]. 科学学研究(6):614-617.

龚艳萍,曾德明,张运生,2004. 基于绩效测度与控制的R&D团队治理机制研究[J]. 研究与发展管理(1):18-19.

郭志刚,1999. 社会统计方法:SPSS软件应用[M]. 北京:中国人民大学出版.

韩翼,廖建桥,龙立荣,2007. 雇员工作绩效结构模型构建与实证研究[J]. 管理科学学报(5):62-77.

何汶,2005. 邱军平教授做客新浪网,畅谈大学评价问题[J]. 评价与管理(3):63-66.

侯杰泰,温忠麟,成子娟,2004. 结构方程模型及其应用[M]. 北京:教育科学出版社.

胡宇辰,戴淑燕,2001. 股权激励实施的风险规避[J]. 中国工业经济(9):77-79.

汲培文,1999. 科研绩效评估与实践[J]. 自然辩证法研究(9):22-24.

蒋万胜,2007. 中国市场经济秩序型构的非正式制度分析[M]. 北京:中国社会科学出版社.

李本乾,2000. 描述受众特征揭示因果关系:调查研究法简介[J]. 当代传播(3):38-40.

李红玲,2008. R&D人员绩效考核模式研究[J]. 科学学与科学技术管理(4):174-178.

李红玲,2009.基于市场距离的R&D人员绩效考核研究[D].武汉:华中科技大学.

李红玲,廖建桥,2009.R&D人员绩效考核必要性争论解析[J].科技管理研究(1):167-170.

李津燕,2005.地方政府行为与市场秩序构建[D].武汉:武汉大学.

李树丞,乐国玲,2004.企业知识型员工绩效特征及其影响因素分析[J].湘潭大学学报(哲学社会科学版)(4):146-147.

李正风,2005.政府绩效管理与基础研究绩效评估[J].自然辩证法通讯(5):48-53.

廖建桥,陈建文,张光进,2008.知识员工绩效特征的实证探析[J].研究与发展管理(6):41-42.

廖建桥,田勇军,张鹏程,2004.关于脑力劳动测量中"帕累托假设"的检验[J].人类工效学(1):14-16.

廖建桥,文鹏,2009.知识员工的定义、特征及分类研究述评[J].管理学报(2):277-283.

廖建桥,张光进,2013.我国知识员工绩效考核现状及启示[J].软科学(2):108-112.

林泽炎,2001.3P模式:中国企业人力资源管理操作方案[M].北京:中信出版社.

刘刚,顾培亮,2002.知识型劳动的度量方法与模型研究[J].科学学研究(3):286-291.

刘华微,2005.透析美国企业管理[J].全球科技经济瞭望(5):25-26.

刘晓嫱,2004.《中央企业负责人经营业绩考核暂行办法》的特点[J].财会通讯(5):67-67.

刘智强,2005.知识员工职业停滞测量与治理研究[D].武汉:华中科技大学.

卢纹岱,朱红兵,2015.SPSS统计分析[M].北京:电子工业出版社.

骆静,2007.知识员工绩效评估公平感及其对工作态度的影响研究[D].武汉:华中科技大学.

马成功,王二平,林平,2002.基于行为的绩效评定方法的研究进展[J].心理科学进展(4):456-457.

马文峰,2000.试析内容分析法在社科情报科学中的应用[J].情报科学(4):346-349.

孟凯韬,2000.科技评价体制函待改革科研评价与指标[M].北京:红旗出版社.

邱均平,邹菲,2003.国外内容分析法的研究概况和进展[J].图书情报知识(6):6-8.

盛宇华,1995.管理通论[M].北京:中国商业出版社.

宋建元,葛朝阳,陈劲,2004.基础研究源头创新的形成条件和绩效评价研究[J].公共管理学报(3):35-38.

孙健敏,焦长泉,2002.对管理者工作绩效结构的探索性研究[J].人类工效学,8(3):1-10.

唐晓华,2006.基于SH集团的绩效考评者个体特征与考评有效性关系研究[D].西安:西南交通大学.

天外伺郎,2007.绩效主义毁了索尼[J].中国企业家(3):38-40.

田东红,2005.半年报数据解读:上市公司投资股票收益对比分析[N].证券时报.9.10.

王辉,李晓轩,罗胜强,2003.任务绩效与情境绩效二因素绩效模型的验证[J].中国管理科学(4):79-84.

王蕾,2004.企业员工绩效评估的有效性研究[D].南京:南京师范大学.

王伟,1999.跨越人与知识的界限[J].IT经理世界(18):48-49.

王勇,许庆瑞,2003.知识工作者能力概念的界定[J].科学学与科学技术管理(5):73-75.

王重鸣,2001.心理学研究方法[M].北京:人民教育出版社.

王宗军,徐星,夏天,2008.R&D人员绩效评价的研究述评[J].

科研管理(4):92-93.

王宗军,徐星,夏天,2008. R&D 人员绩效评价的研究述评[J]. 科研管理,29(4):89-94.

文章代,侯书森,1999.创新管理[M].北京:中国石油大学出版社.

吴强,万可,2003.论知识员工的四分图管理模型[J].研究与发展管理(8):35-40.

肖媛,2004.知识型员工的劳动度量与考核方法探析[J].科研管理(1):84-89.

许庆瑞,王勇,陈劲,2002.绩效评价源与多源评价[J].科学学与科学技术管理(3):84-89.

许庆瑞,郑刚,2001.研究与开发绩效评价:误区分析与趋势展望[J].研究与发展管理(6):25-28.

许庆瑞,郑刚,徐操志,等,2002.研究与开发绩效评价在中国:实践与趋势[J].科研管理(1):46-47.

严进,1999.周边绩效[J].外国经济与管理(5):30-33.

杨杰,2004.国人对知识工作者的认知及人际互动特征研究[D].北京:中国科学院心理研究所.

杨杰,2006.基于知觉分析的知识性工作分类研究[J].科学学研究(1):98-105.

杨杰,方俐洛,凌文辁,2001.关于绩效评价若干基本问题的思考[J].自然辩证法通讯(2):40-46.

杨杰,凌文辁,方俐洛,2004.关于知识工作者与知识性工作的实证解析[J].科学学研究(2):190-196.

杨治良,周颖,李林,2003.无意识认知的探索[J].心理与行为研究(3):161-164.

袁方,2004.社会研究方法教程[M].北京:北京大学出版社.

曾德明,王晓靖,张运生,等,2004.高新技术企业 R&D 控制模式有效性的实证研究[J].研究与发展管理(3):34-39.

翟学伟,2004.人情、面子与权力的再生产——情理社会中的社会交换方式[J].社会学研究(5):48-57.

张德,2001.人力资源开发与管理[M].北京:清华大学出版社.

张光进,廖建桥,2006.绩效特征导向的知识员工考评方法的思考[J].商业经济与管理(3):21-27.

张光进,廖建桥,2013.我国知识员工绩效考核现状及启示[J].软科学(2):108-112.

张光进,邵东杰,2013.绩效内涵新解与考评方法选择[J].商业研究(3):65-69.

张光进,张士菊,2014.R&D人员绩效特征实证研究[J].科学学与科学技术管理(5):164-165.

张京,2009.知识员工绩效结构及影响因素研究[D].武汉:中国地质大学(武汉).

张望军,彭剑锋,2001.中国企业知识型员工激励机制实证分析[J].科研管理(6):90-96.

张一弛,2002.人力资源管理教程[M].北京:北京大学出版社.

赵琛徽,2004.知识员工雇佣管理模式研究——基于SHRM的分析[J].中国工业经济(8):75-81.

赵曙明,2003.绩效管理与评估[M].北京:高等教育出版社.

赵曙明,沈群红,2000.知识企业与知识管理[M].南京:南京大学出版社.

支晓强,2004.如何选择业绩评价标准——兼论业绩评价在激励机制中的作用[J].会计研究(11):25-30.

周黎安,柯荣住,2003.从大学理念与治理看北大改革[J].学术界(5):89-99.

周智红,王二平,2000.作业绩效和关系绩效[J].心理科学进展(1):54-57.

朱枝富,2001.论儒家思想与现代管理的艺术契合[J].江南论坛(4):17-18.

佐斌,1997.中国人的脸与面子——本土心理社会心理学探索[M].武汉:华中师范大学出版社.

ADIZES, ICHAK, 1989. Corporate lifecycles: how and why corporation grow and die and what to do about it[M]. Englewood Cliffs,NJ:Prentice Hall.

ALLAN,KENNETH,1988. Appraisal trends[J]. Personnel Journal (9):139-145.

ANASTASI A,1990. Psychological testing[M]. New York and London:Macmillan Publishing.

ANDERSON J C, GERBING D W,1988. Structural equation modeling in practice:a review and recommended two-step approach [J]. Psychological Bulletin(1):411-423.

ANTONIONI, DAVID, 1994. Improve the management process before discontinue performance appraisal[J]. Compensation and Benefits Review(3):29-32.

AUSTIN, VILLANOVA,1992. The criterion problem:1917—1992[J]. Journal of Applied Psychology(6):836-874.

BAIRD L S, BEATTY R W, SCHNEIER C E,1990. The performance appraisal source book[M]. Amherst:Human Resource Development Press.

BARRACK M R,MOUNT M K,1991. The big five personality dimensions and job performance:a meta-analysis[J]. Personnel Psychology, 44(1):1-26.

BECKSTEAD D, BALDWIN T, 2003. Dimensions of occupational changes in canada's knowledge economy[C]//The Canadian economy in transition research paper series 11-622-MIE No. 004. Analytical Studies Branch. Ottawa:Statistics Canada.

BENJAMIN B W, 1989. Dictionary of behavioral sciences (second edition)[M]. New York:Van Nostrand Rein-hold Company.

BENTLER P M, MOOIJAART A, 1989. Choice of structural model via parsimony: a rational based on precision[J]. Psychology Bulletin(2):315-317.

BENTLER P M, BONETT D G, 1980. Significant tests and goodness of fit in the analysis of covariance structures[J]. Psychology Bulletin(3):588-606.

BERNARDIN, 1998. Human resource management[M]. Columbus: Irwir McGraw-Hill Press.

BERRIN E, MARIA L K, ROBERT C L, 2001. Procedural justice as a two-dimension construct: an examination in the performance appraisal context[J]. The journal of Applied Behavioral Science(2):205-206.

BLUM, NAYLOR, 1968. The performance appraisal process: a model and some testable propositions[J]. Academy of Management Review(3):635-646.

BORMAN W C, HANSON M, HEDGE J, 1997. Personnel selection[J]. Annual Review Psychology(48):229-337.

BORMAN W C, MOTOWIDLO S J, 1993. Expanding the criterion domain to include elements of contextual performance [M]//Schmitt, Borman. Personnel selection in organization. San Francisco: Jossey-Bass.

BORMAN W C, MOTOWIDLO S J, 1997. Task performance and contextual performance: the meaning for personnel selection research[J]. Human Performance(2):99-109.

BOS W, TARNAI C, 1999. Content analysis in empirical social research[J]. International Journal of Educational Research (1): 659-671.

BREMSER, BARSKY, 2004. Utilizing the balanced scorecard for R&D performance measurement[J]. Journal of Product Innovation Management(3):229-238.

BRIEF, MOTOWIDLO, 1986. Prosocial organizational behaviors [J]. Academy of Management Review(4):710-725.

BROWN J S,1991. Research that reinvents the corporation[J]. Harvord Business Review(1):102-111.

BROWN,M G,1999. Human capitals measure for measure[J]. Journal for Quality & Participation(5):28-31.

BROWN,SVENSON,1998. Measuring R&D productivity: the ideal system measures quality, quantity and cost, is simple, and emphasizes evaluation of R&D outcomes rather than behaviors[J]. Research Technology Management(6):30-34.

CAMPBELL J P,MCCLOY R A,OPPLER S H,1993. A theory of performance[M]//Schmitt N, Borman W C. Personnel selection in organization. San Francisco:Jossey-Bass.

CARMINE E,MCLVER J,1981. Analysing models with unobserved variables: analysis of covariance structures[M]//BOHRNSTEDT, BORGATTA. Social measurement.

CHEUNG F M, LEUNG K, FAN R M, 1996. Development of chinese personality assessment inventory[J]. Journal of Cross-culture Psychology(1):181-189.

CHUBIN D E,HACKETT E J,1990. Peerless science: peer review and U. S. Science Policy[J]. The Journal of Higher Education (3): 267-269.

CHURCH A T,BURKE P J,1994. Exploratory and confirmatory tests of the big five and Tellengen's three-and-four dimensional models [J]. Journal of Personality and Social Psychology(1):93-114.

CHURCHILL J G A,1992. Better measurement practices are critical to better understanding of sales management issue[J]. The Journal of Personal Selling and Sales Management(12):73-80.

CONWAY J M, 1996. Analysis and design of multitrait-multirater performance appraisal studies[J]. Journal manage(1): 139-162.

CONWAY J M, 1999. Distinguishing contextual performance from task performance for managerial jobs[J]. Journal of Applied Psychology(1):3-13.

CONWAY J M, 2000. Managerial performance development constructs and personality correlates[J]. Human performance(1): 23-24.

CORTINA J M, 1993. What is coefficient alpha? an examination of theory and applications[J]. Journal of Applied Psychology(2):98-104.

DAVENPORT T H, PRUSAK L, 1998. Working knowledge: how organizations manage what they know[M]. Boston, Ma: Harvard University School Press.

DAVENPORT T H, ROBERT J T, SUSAN C, 2002. The mysterious artand science of knowledge-worker performance[J]. Sloan Management Review(1)23-30.

DENISI A S, PETERS L H, 1996. Organization of information in memory and the performance appraisal process: evidence from the field[J]. Journal of Applied Psychology(6):717-737.

DOVE R, 1998. The knowledge worker[J]. Automotive Manufacturing & Production(6):26-28.

DRUCKER P F, 1994. The age of social transformation[J]. The Atlantic Monthly(5):53-80.

DRUCKER P F, 1995. Managing in a Time of Great Change [M]. New York: Penguin Books USA.

DRUCKER P F, 1999. Knowledge-worker productivity: the biggest challenge[J]. California Management Review(2):79-94.

EDWARDS M, 1996. 360° feedback: the powerful new model for employee assessment & performance improvement [M]. AMACOM: American Management Association.

ERDOGAN B, 2002. Antecedents and consequence of justice perception in performance appraisals[J]. Human Resource Management Review(12):555-559.

FARH J L, 1997. Impetus for action: a cultural analysis of justice and organizational citizenship behavior in Chinese society [J]. Administrative Science Quarterly(42):421-444.

FELDMAN J M, 1981. Beyond attribution theory: cognition processes in performance appraisal[J]. Journal of Applied Psychology (2):127-148.

FELDMAN J M, 1986. Instrumentation and training for performance appraisal: a perceptual cognitive viewpoint in Rowland [M]//FERRIS J K. Research in Personnel and Human Resources Management. Greenwich: JAI Press.

FORNELL C, LARCKER D F, 1981. Evaluating structural equation models with unobservable variables and measurement error [J]. Journal of Marketing Research(3):39-50.

GARAVAN T N, MCGUIRE D, 2001. Competencies and work learning: some reflections on the rhetoric and the reality[J]. Journal of Workplace Learning(4):144-163.

GEORGE J M, BRIEF A P, 1992. Feeling good-doing good: a conceptual analysis of the mood at work-organizational spontaneity relationship[J]. Psychological bulletin(2):310-329.

GREENBERG J, 1986. Determinants of perceived fairness of performance evaluations[J]. Journal of Applied Psychology(2):340-342.

GUION R M, GIBSON, W M, 1989. Personnel selection and placement[J]. Annual Review of Psychology(9):349-374.

HARRIS M F, VINING W, 1987. The IE's future role in improving knowledge worker productivity[J]. Industrial engineering, 1987(7):28-32.

HEDGE, TEACHOUT, 2000. Exploring the concept of acceptability as a criterion for evaluating performance measures[J]. Group & Organization Management(3):22-40.

HELTON R B, 1987. Will the real knowledge worker pleased stand up[J]. Industrial Management(1):26-29.

HINKIN T R, 1995. A review of scale development practices in the study of organizations[J]. Journal of Management(5):967-988.

HOFFMAN T, 1996. The meanings of competency[J]. Journal of European Industrial Training(6):275-285.

HORIBE F, 1999. Managing knowledge worker: new skills and attitude to unlock the intellectual capital in your organization[M]. Tornoto:John Wiley & Sons.

HORWITZ F M, CHAN T H, QUAZI H A, 2003. Finders, keepers? attracting, motivating and retaining knowledge workers [J]. Human Resource Management(4):23-31.

HOUGH L M, EATON N K, DUNNETTE M D, et al. , 1990. Criterion-related validities of personality constructs and the effects of response distortion on those validities[J]. Journal of Applied Psychology(5):581-595.

HOWITT P, 2002. On some problems in measuring knowledge-based growth[C]//The Implications of Knowledge-Based Growth for Micro-Economic Policies. Calgary:University of Calgary Press.

HUNTER J E, SCHMIDT F L, JUDIESCH M K, 1990. Individual differences in output variability as a function of job complexity[J]. Journal of Applied Psychology(1):28-42.

INSCH G S, MOORE J E, MURPHY L D, 1997. Context analysis

in leadership research: examples, procedures, and suggestions for future use[J]. Leadership Quarterly(1):1-25.

JAMALI S,1983. Putting a productivity improvement program into action:a six-step plan[J]. Industrial engineering(2):67-78.

KAISER H F,1960. The application of electronic computer to factor analysis[J]. Educational Psychology Measurements(2):141-151.

KANE J S,LAWLER E E,1979. Performance appraisal effectiveness: its assessment and determinants[C]. Research in Organizational Behavior. Greenwich:Jai Press.

KANE, ELAWE, 1979. Performance appraisal effectiveness: its assessment and determinants[M]//STAW M. Research in organizational behavior. Greenwich:Jai Press.

KIDD A L, 1994. The marks are on the knowledge worker [C]//Conference on Human Factors in Computing System CHI 1994,Boston,Massachusetts,USA,Aprill 24-28,ACM preceedings.

KOLBE D,RUBIN I M,MACINTYRE J M,1984. Organization psychology:an experiential approach to organizational behavior(4th ed)[M]. Englewood Cliffs,N J. :Prentice Hall.

LATZKO W J, SAUNDERS D M, 1995. Four days with Dr. Deming:a strategy for modern methods of management[M]. Reading, MA:Addison-Wesley Publishing Co.

LAWLER E E, 1993. Creating the high-involvement organization [M]//GALBRAITH E E. LAWLER, Organizing for the future. San Francisco,CA:Jossey-Bass.

LEE C, 1985. Increasing performance appraisal effectiveness: matching tasktypes,appraisal process and rater training[J]. Academy of Management Review(10):322-331.

LEE T W, STEVEN D MAURER, 1997. The retention of knowledge workers with the unfolding model of voluntary turnover[J].

Human Resource Management Review(3):247-275.

LEPAK D P,SNELL S A,1999. The human resource architecture: toward a theory of human capital allocation and development[J]. The Academy of Management Review(1):31-48.

LEVY P E, WILLIAMS J R, 2004. The social context of performance appraisal: a review and framework for the future[J]. Journal of Management(6):881-905.

LUTHANS, FRED, 1976. Introduction to management: a contingency approach[M]. New York:McGraw-Hill Book Company.

MARCH J G,SIMON H A,1993. Organizations(2nd edition) [M]. Cambridge Mass:Blackwell.

MCCLELLAND D C,1973. Testing for competence rather than for intelligence[J]. American Psychologist(8):57-64.

MCDONALD R P, MARSH H W, 1990. Choosing a multivariate model:Noncentrality and goodness of fit[J]. Psychology Bulletin(2): 247-255.

MCGRATH,ROMERI,1994. The R&D effectiveness index: a metric for product development performance[J]. Journal of Product Innovation Management(4):213-220.

MILKOVICH G T,BOUDREAU J W,1994. Human resource management[M]. Irwin:Richard Press.

MILLER R, 1995. Applying quality practices to R&D[J]. Research Technology Management(2):48-54.

MULAIK S A, JAMES L R, ALSTINEJ V, et al. , 1989. Evaluation of goodness-of-fit indices for structural equation models [J]. psychology bulletin(10):430-435.

MUNDEL M E,1983. Improving productivity and effectiveness [M]. Englewood Cliffs:Prentice-hall.

NATHAN , LORD, 1983. Cognitive categorization and dimensional schemata:a process approach to the study of halo in performance ratings [J]. Journal of Applied Psychology(1):102-114.

NAYAK P R, 1987. Measuring product creation effectiveness [J]. Journal of Business Strategy(13):22-24.

NIXON B, 1998. Research and development performance measurement:a case study[J]. Management Accounting Research (3):329-355.

ORGAN D W, 1988. Organizational citizenship behavior: the good soldier syndrome[M]. Lexington,MA:Lexington Books.

OUCHI W A,1979. A conceptual framework for the design of organizational control mechanisms [J]. Management Science (9): 833-848.

OVERBY W M,1983. Technique for group time measurement simplifies indirect labor observation[J]. Industrial Engineering(7): 34-40.

PAUL A,SCHUMANN J,DEREK L,et al. ,1995. Prestwood measuring R&D performance[J]. Research Technology Management(3): 45-54.

PERREAULT W D, LEIGH L E, 1999. Reliability of nominal data based on qualitative judgments[J]. Journal of Marketing Research (5):135-148.

PORTER L W, LAWLER E E, 1968, Managerial attitudes & performance[M]. Homewood,Illinois:Dorsey Press.

PULAKOS E D, SCMMIT N, DORSEY D W, et al. , 2000. Predicting adaptive performance: future test of a model of adaptability [J]. Human Resource(4):299-323.

QUARSTEIN V, MCAFEE R, GLASSMAN M, 1992. The situational occurrences theory of job satisfaction[J]. Human Relations (8):859-873.

RAITH M,2004. Specific knowledge and performance measurement [J]. Personnel Psychology Review(1):703-742.

RAITH M,2008. Specific knowledge and performance measurement [J]. The RAND Journal of Economics(4):1059-1079.

RAY, SAHU, 1989. The measurement and evaluation of white-collarproductivity [J]. International Journal Operation and Production Management(4):28-47.

ROTUNDO M,SACKETT P R,2002. The relative importance of task, citizenship and counterproductive performance to global ratings of job performance: a policy-capturing approach[J]. Journal of Applied Psychology(1):66-80.

RUBENSTEIN, GEISLER, 1991. Evaluating the outputs and impacts of R&D innovation[J]. International Journal of Technology Management(3):181-204.

SALGADO J F,1997. The five factor model of personality and job performance in the European Community[J]. Journal of Applied Psychology(1):30-43.

SCARBROUGH H,1999. Knowledge as work: conflicts in the management of knowledge workers [J]. Technology Analysis & Strategic Management(1):5-16.

SCHAINFLATT A H, 1982. How companies measure the productivity of engineers and scientists[J]. Research Management (3):10-19.

SCHMITT, STULTS, 1986. Methodology review: analysis of multitrait-multimethod matrices[J]. Applied Psychological Measurement (1):1-22.

SCHNEIER C E, BEATLY R W, BAIRED C S, 1987. The performance management source book[M]. Amherst: Human Resource Development Press,Inc.

SCHUMANN J, PAUL A, RANSLEY D L, 1995. Measuring R&D performance [J]. Research Technology Management (3): 45-54.

SCOTTER, MOTOWIDLO, 1994. Evidence that task performance should be distinguished from contextual performance [J]. Journal of applied psychology(65):475-480.

SMITH B N, HORNSBY J S, SHIRMEYER R, 1996. Current trends in performance appraisal: An examination of managerial practice[J]. Advanced Management Journal(3):10-15.

SPECTOR P, 1997. Job satisfaction: application, assessment, causes and consequence[M]. Thousand Oaks, CA:Sage.

SPENCER, 1993. Competence at work: models for superior performance[M]. New York:Willey Press.

STEIGER J H, 2010. Structure model evaluation and modification: an interval estimation approach[J]. multivariate behavioral research(2): 173-180.

STEIGER J H, 1990. Structure model evaluation and modification: an interval estimation approach [J]. Multivariate Behavioral Research (25):173-180.

STEWART G L, 1996. Reward structure as a moderator of the relationship between extraversion and sales performance[J]. Journal of Applied Psychology(6):619-627.

SZAKONYI R, 2010. Mechanisms for improving the effectiveness of R&D:how many mechanisms are enough? [J]. R&D Management(3): 219-225.

TAYLOR M S, TRACY K B, RENARD M K, et al. ,1995. Due process in performance appraisal: a quasi-experiment in procedural justice[J]. Administrative Science Quarterly(3):495-523.

THANHAIN H J, 2010. Managing innovative R&D teams[J]. R&D Management(3):297-311.

THOMAS B E, BARON J P, 1994. Evaluating knowledge worker productivity: literature review[J]. Evaluating Knowledge Worker Productivity(1):56-64.

THOMAS W S, TIESSEN P, 1999. Performance measurement and managerial teams[J]. Accounting, Organizations and Society(3):263-285.

THOMAS Y C, GLENN H, 1995. Varney. Know who your knowledge workers really are[J]. Human Resource Management(6):22-23.

THORNDIKE, 1949. Personal selection:test and measure[M]. New York:Wiley Press.

WAYNE S J, FERRIS G R, 1990. Influence tactics, affect, and exchange quality in supervisor-subordinateinteractions[J]. Journal of Applied Psychology(5):487-499.

WEINER M J, 2000. Implication of OCB and contextual performance for human resource management[J]. Human Resource Management Review(1):13-24.

WERNER, SOUDER, 1997. Measuring R&D performance: state of the art[J]. Research Technology Management(2):34-42.

WILSON D K, MUESER R, RAELIN J A, 2016. New look at performance appraisal for scientists and engineers[J]. Research Technology Management(4):51-55.

ZABOJNIK J, 1996. Pay-performance sensitivity and production uncertainty[J]. Economics Letters(3):291-296.

附录1 访谈样本分布情况表

岗位类别	人数/个	比率/%	单位类型	所在地区
高层管理	2	5.9	民营企业	武汉
中层管理	3	8.8	民营企业、国有企业	武汉
基层管理	1	2.9	三资企业	郑州
普通管理	2	5.9	三资企业	上海
技术开发	4	11.8	三资企业、国有企业	武汉
大学教师	3	8.8	高等学校	武汉
医生	2	5.9	医院	十堰、焦作
律师	2	5.9	律师事务所	鄞州
传媒策划	2	5.9	报业集团	武汉
中小教师	2	5.9	中小学	十堰
财务核算	2	5.9	三资企业	昆山
专业咨询	2	5.9	民营咨询公司	武汉、厦门
编审	2	5.9	出版社	武汉
培训专员	2	5.9	培训中介机构	武汉
市场营销	2	5.9	三资企业	苏州
文艺创作	1	2.9	杂志社	武汉

附录 2 访谈案例中 28 个独立分析单元

(1)工作主要是思维性活动。
(2)别人不易观察到我的工作过程。
(3)工作过程较为复杂。
(4)外人不太了解我的工作具体是如何完成的。
(5)有多种多样的途径完成我的工作任务。
(6)很难说某种工作方式是最好的。
(7)对我的工作方式有明确规定。
(8)对我的工作而言,工作方式通常不需要变化。
(9)观察同事的日常工作行为,就基本知道其工作结果。
(10)工作中经常会碰到新问题。
(11)按部就班能完成工作任务。
(12)工作思路(工作方案)常常要进行调整。
(13)工作总体来说是事务性的。
(14)工作目标比较具体。
(15)我的工作结果,往往没有看得见的表现形式。
(16)评价我的工作,主要是看取得了什么样的结果。
(17)对我的工作而言,能够找到测量工作结果的指标。
(18)我的工作结果可以量化。
(19)工作目标的完成情况能反映我的努力程度。
(20)我能够自主控制工作目标的完成情况。
(21)外部因素对我工作目标的完成有较大的影响。
(22)我面临的外部工作环境变化快。

(23)完成我的工作,往往要全新的思路,或者利用最新的知识(不成熟的技术)。

(24)我的工作几乎是别人没有做过的。

(25)我的工作基本没有经验办法可以参考。

(26)通常在初始阶段就能预见到我的工作结果。

(27)工作技能更新速度快。

(28)我往往独自对工作任务负责。

附录3　绩效特征调查问卷(预试)

尊敬的女士/先生：

您好！我们目前正在做一项关于"绩效特征"的问卷调查，非常希望能得到您的协助。问卷的题目很简单，您只需要在相应的"□"中或"数字"上打"√"即可。这份问卷无需署名，您的回答将被严格保密，尽可放心如实填写。谢谢您的热忱支持！

第一部分　您的岗位类别

请先判断您的岗位是属于管理类还是专业技术类，然后在相应的"□"上划"√"。如果既属于管理类，又属于专业技术类，请根据工作侧重只选其一；在做第二部分问卷时，仅以您选择的岗位类别来填答。

1. 管理类
□ 高层管理类岗位　　□ 中层管理类岗位
□ 基层管理类岗位　　□ 一般职员类岗位

2. 专业技术类（如果是大学教师，在做第二部分问卷时，请只考虑科研工作）
□ 理论研究类　　□ 技术开发类　　□ 工程技术类
□ 大学教师　　　□ 医生　　　　　□ 律师
□ 传媒策划　　　□ 中小学教师　　□ 财务/核算
□ 专业咨询　　　□ 编审　　　　　□ 培训专员
□ 市场营销　　　□ 文艺创作类　　□ 证券投资
□ 其他（请注明）_____

第二部分　您的绩效特征

请对您的工作特点与下面"项目描述"的符合程度做出判断，在相应的数字上打"√"。

1——这种情况对我来说	**非常不符合**	4——这种情况对我来说	**比较符合**	
2——这种情况对我来说	**基本不符合**	5——这种情况对我来说	**非常符合**	
3——这种情况对我来说	**不确定**			

绩效行为可评价性分量表

1. 我的工作主要是思维性活动	1	2	3	4	5
2. 别人不易观察到我的工作过程	1	2	3	4	5
3. 我的工作过程较为复杂	1	2	3	4	5
4. 外人不太了解我的工作具体是如何完成的	1	2	3	4	5
5. 有多种多样的途径完成我的工作任务	1	2	3	4	5
6. 对我的工作而言，很难说某种工作方式是最好的	1	2	3	4	5
7. 单位对我的工作方式有明确规定	1	2	3	4	5
8. 对我的工作而言，工作方式通常不需要变化	1	2	3	4	5
9. 观察同事的日常工作行为，就基本知道其工作结果	1	2	3	4	5
10. 我在工作中经常会碰到新问题	1	2	3	4	5
11. 我能按部就班地完成工作任务	1	2	3	4	5
12. 我的工作思路（工作方案）常常要进行调整	1	2	3	4	5
13. 我的工作总体来说是事务性的	1	2	3	4	5
工作结果具体性分量表					
14. 我的工作目标比较具体	1	2	3	4	5
15. 我的工作结果，往往没有什么看得见的表现形式	1	2	3	4	5
16. 评价我的工作，主要是看取得了什么样的结果	1	2	3	4	5
17. 对我的工作而言，能够找到测量工作成果的指标	1	2	3	4	5

续表

工作结果具体性分量表					
18. 我的工作结果可以量化	1	2	3	4	5
19. 工作目标的完成情况能反映我的努力程度	1	2	3	4	5
20. 我能够自主控制工作目标的完成情况	1	2	3	4	5
21. 外部因素对我工作目标的完成有较大的影响	1	2	3	4	5
22. 我面临的外部工作环境变化较快	1	2	3	4	5
23. 完成我的工作,往往要利用最新的知识(不成熟的技术)	1	2	3	4	5
24. 我的工作几乎是别人没有做过的	1	2	3	4	5
25. 我的工作基本没有经验办法可以参考	1	2	3	4	5
26. 通常在初始阶段就能预见到我的工作结果	1	2	3	4	5

附录4　绩效特征及考评方法调查问卷

尊敬的女士/先生：

您好！我们目前正在做一项关于"绩效特征及考评方法"的问卷调查，非常希望能得到您的协助。问卷的题目很简单，您只需要在相应的"□"中或"数字"上打"√"即可。这份问卷无需署名，您的回答将被严格保密，尽可放心如实填写。谢谢您的热忱支持！

第一部分　您的岗位类别

请先判断您的岗位是属于管理类还是专业技术类，然后在相应的"□"上划"√"。如果既属于管理类，又属于专业技术类，请根据工作侧重只选其一；在做第二、第三部分问卷时，仅以您选择的岗位类别来填答。

1. 管理类
   - □ 高层管理类岗位　　□ 中层管理类岗位
   - □ 基层管理类岗位　　□ 一般职员类岗位

2. 专业技术类（如果是大学教师，在做第二部分问卷时，请只考虑其科研工作）
   - □ 理论研究类　　□ 技术开发类　　□ 工程技术类
   - □ 大学教师　　　□ 医生　　　　　□ 律师
   - □ 传媒策划　　　□ 中小学教师　　□ 财务/核算
   - □ 专业咨询　　　□ 编审　　　　　□ 培训专员
   - □ 市场营销　　　□ 文艺创作类　　□ 证券投资
   - □ 其他（请注明）_____

第二部分　您的绩效特征

请对您的工作特点与下面"项目描述"的符合程度做出判断,在相应的数字上打"√"。

1——这种情况对我来说　非常不符合　　4——这种情况对我来说　比较符合
2——这种情况对我来说　基本不符合　　5——这种情况对我来说　非常符合
3——这种情况对我来说　不确定

绩效行为可评价性分量表

1. 我的工作主要是思维性活动	1	2	3	4	5
2. 别人不易观察到我的工作过程	1	2	3	4	5
3. 我的工作过程较为复杂	1	2	3	4	5
4. 外人不太了解我的工作具体是如何完成的	1	2	3	4	5
5. 有多种多样的途径完成我的工作任务	1	2	3	4	5
6. 对我的工作而言,很难说某种工作方式是最好的	1	2	3	4	5
7. 单位对我的工作方式有明确规定	1	2	3	4	5
8. 对我的工作而言,工作方式通常不需要变化	1	2	3	4	5
9. 观察同事的日常工作行为,就基本知道其工作结果	1	2	3	4	5
10. 我在工作中经常会碰到新问题	1	2	3	4	5
11. 我能按部就班地完成工作任务	1	2	3	4	5
12. 我的工作思路(工作方案)常常要进行调整	1	2	3	4	5
13. 我的工作总体来说是事务性的	1	2	3	4	5
工作结果具体性分量表					
14. 我的工作目标比较具体	1	2	3	4	5
15. 我的工作结果,往往没有什么看得见的表现形式	1	2	3	4	5
16. 评价我的工作,主要是看取得了什么样的结果	1	2	3	4	5
17. 对我的工作而言,能够找到测量工作成果的指标	1	2	3	4	5

续表

工作结果具体性分量表					
18.我的工作结果可以量化	1	2	3	4	5
19.工作目标的完成情况能反映我的努力程度	1	2	3	4	5
20.我能够自主控制工作目标的完成情况	1	2	3	4	5
21.外部因素对我工作目标的完成有较大的影响	1	2	3	4	5
22.完成我的工作,往往要全新的思路或者利用最新的知识(不成熟的技术)	1	2	3	4	5
23.我的工作几乎是别人没有做过的	1	2	3	4	5
24.我的工作基本没有经验办法可以参考	1	2	3	4	5
25.通常在初始阶段就能预见到我的工作结果	1	2	3	4	5
绩效考评目的量表					
1.绩效考评结果与我的收入有紧密联系	1	2	3	4	5
2.绩效考评结果与我的晋升有紧密联系	1	2	3	4	5
3.绩效考评主要用来找出我工作中的不足	1	2	3	4	5
4.绩效考评主要用来指导我改进工作	1	2	3	4	5

第三部分 对您的考评方法及效果

1.单位对您的绩效评价中,评价指标是?(限单选)

□ 以工作结果类(目标完成情况)指标为主(占70%以上)

□ 以工作行为类(出勤、认真、礼貌等)指标为主(占70%以上)

□ 以个人特质类指标为主(如学历、工作经验、职称、资格证书等)(占70%以上)

□ 结果类指标、行为类指标并重(各占40%~60%)

□ 结果类指标、个人特质类指标并重(各占40%~60%)

□ 结果类指标、行为类指标、个人特质类指标并重(各占30%~40%)

2.单位对您所采用的绩效评价指标,合适吗?
□ 很不合适　□ 不合适　□ 一般　□ 比较合适　□ 非常合适

3.您认为应该采用哪类评价指标?(限单选)
□ 以工作结果类(目标完成情况)指标为主(占70%以上)
□ 以工作行为类(出勤、认真、礼貌等)指标为主(占70%以上)
□ 以个人特质类指标为主(如学历、工作经验、职称、资格证书等)(占70%以上)
□ 结果类指标、行为类指标并重(各占40%~60%)
□ 结果类指标、个人特质类指标并重(各占40%~60%)
□ 结果类指标、行为类指标、个人特质类指标并重(各占30%~40%)

第四部分　您的基本情况

1.性别:□ 男　　　　□ 女
2.年龄:□ 30岁以下　□ 30~45岁　□ 45岁以上
3.受教育程度:□ A.中专(或高中)　□ B.专科　□ C.大学
　　　　　　　□ D.研究生　　　　□ E.其他(请注明)
4.您在本单位(或公司)工作的时间:□ 不满3年　□ 3~10年
　　　　　　　　　　　　　　　　　□ 10年以上
5.您所在单位(或公司)的性质?
□ 党政机关　□ 事业单位　□ 科研院所　□ 团体协会
□ 国有企业　□ 民营企业　□ 三资企业　□ 其他(请注明)
6.您所在单位(或公司)的规模?
□ 100人以下　□ 100~500人　□ 500~2000人　□ 2000人以上
7.您认为您所在单位(或公司)目前处于什么发展阶段?
□ A初创期　□ B快速发展期　□ C成熟期　□ D衰退期

再次对您的帮助表示感谢!